HÄDECKE

Indonesisch vegetarisch

Jenny Susanti & Andreas Wemheuer

Impressum

ISBN 978-3-7750-0683-5

4 3 2 1 | 2018 2017 2016 2015

www.haedecke-verlag.de

Rezepte und Foodstyling: Jenny Susanti
Fotografie: Andreas Wemheuer
Texte, außer den Rezepten: Nanette Wolf
Lektorat: Monika Graff
Schlussredaktion: nvsg
Satz: Diana Dörfl, Design & Kommunikation, Konstanz
Gesetzt in der Newslab von Latinotype / Daniel Hernández und Bandoengsche von Gumpita Rahayu unter Verwendung von Freepik.com- und ClickPopMedia.com-Grafiken. Schmuckleiste Umschlag: ©thinkstock.com
Gesamtgestaltung: Julia Graff (nach einer Vorlage von Juscha Deumling, JAM Büro für Art & Design, München)
Gedruckt auf chlorfrei gebleichten FSC®-Materialien aus nachhaltiger Forstwirtschaft und Holz aus kontrollierter Herkunft.
Gesamtherstellung: GCC, Calbe
Printed in Germany 2015

MIX
Papier aus verantwortungsvollen Quellen
FSC www.fsc.org
FSC® C043106

Die Schreibweise der indonesischen Begriffe orientiert sich an der »Ejaan Yang Disempurnakan« (der »verbesserten Rechtschreibung« von 1972). Viele Begriffe zur Bezeichnung der Lebensmittel werden teilweise sehr unterschiedlich geschrieben (z. B. *Kecap* auch als *Ketjap* oder *Ketcap*; *Kacang* auch als *Katjang* oder *Catjang*; *Jamur* auch als *Djamur* usw.), obwohl immer dasselbe gemeint ist. Einzige Ausnahme bildet *oelek*, das heute *ulek* geschrieben wird. Da haben wir die alte Schreibweise beibehalten, da nahezu alle im Handel erhältlichen Sambals noch als »Sambal oelek« angeboten werden.

Inhalt

Einleitung – *Kata pengantar* 5

Warenkunde – *Informasi bahan* 9

Gewürze und Kräuter – *Bumbu dan Rempah* 10

Obst und Gemüse – *Buah dan Sayuran* 16

Vorratskammer – *Gudang Makanan* 20

Snacks und kleine Gerichte
Camilan dan Makanan ringan 25

Suppen – *Sup* 37

Chilipasten – *Sambal* 51

Reis- und Nudelgerichte – *Nasi dan Mie* 59

Hauptgerichte – *Hidangan utama* 73

Süßspeisen – *Makanan ringan manis* 93

Getränke und Fruchtcocktails
Minuman dan Buah-buahan 105

Anhang – *Lampiran* 115

EINLEITUNG

Frisches Aroma, exotischer Geschmack, aromatische Zutaten, abwechslungsreiche Kochkunst und vor allem einzigartige Gewürzmischungen. Alles Attribute, die die indonesische Küche – auch die vegetarische des Landes – ausmachen.

Herzlich willkommen!
Selamat datang

Gewürze spielen für Indonesien schon immer eine große Rolle, nicht nur in der Küche. Seit Beginn unserer Zeitrechnung exportiert dieses heute aus mehr als 17.000 Inseln bestehende Land Gewürze. Der Handel begann mit Indien und China. Im Mittelalter kamen vor allem Portugiesen und Spanier, aber auch andere Europäer sowie Araber, um den direkten Handel mit Gewürzen aufzunehmen. Indonesien wurde nach 100-jähriger portugiesischer Vorherrschaft ab 1600 als »Niederländisch-Ostindien« zur niederländischen Kolonie. Erst nach dem Zweiten Weltkrieg wurde Indonesien unabhängig. Alle, und dabei insbesondere die niederländischen Kolonialherren, hinterließen auch kulinarisch ihre Spuren.

Von den heute etwa 250 Millionen Einwohnern Indonesiens, die man in mehr als 350 Volksgruppen unterteilt, leben 130 Millionen auf der Insel Java, deren Hauptstadt Jakarta ist. Die Mehrheit der Indonesier gehört dem Islam an (etwa 90 %). Christen, Hindus, Buddhisten und Konfuzianer bilden die Minderheit. In Indonesien ist die Zugehörigkeit zu einer der Weltreligionen Pflicht. Um allen Religionsgesetzen auch in der Küche gerecht zu werden, eignet sich die vegetarische Küche besonders gut.

Das Land lebt heute noch von der Landwirtschaft, vom Export und nicht zuletzt vom Tourismus. Mit ganzjährigen Temperaturen von 25 bis 30 °C ist Indonesien ein hervorragendes Reiseland, auch wenn die Luftfeuchtigkeit von durchschnittlich 95 % nicht für jeden geeignet ist. Diese klimatischen Bedingungen führen dazu, dass man eher leichtes Essen zu sich nehmen möchte.

Regional gibt es beim Essen große Unterschiede. So werden auf Sumatra z. B. schärfere Speisen als auf Java und Bali zubereitet. Wobei der Unterschied für die durchschnittliche mitteleuropäische Zunge zwischen »indonesisch scharf« und »indonesisch sehr scharf« kaum auszumachen ist. Die scharfen Gewürze helfen bei der Verdauung und Verträglichkeit, ihre Schärfe sorgt zudem dafür, dass das Schwitzen erleichtert und dadurch in heißem Klima die Körpertemperatur schneller gesenkt werden kann. Viele Scharfmacher wirken häufig auch antibakteriell und verhindern so, dass sich Krankheitserreger verbreiten können.

Die meisten Gerichte Indonesiens basieren auf Reis. Und immer wieder zeigen sich neben den regionalen Unterschieden auch die chinesischen, indischen und nicht zuletzt niederländischen Einflüsse in den Rezepten.

Die traditionelle Reistafel kommt vom niederländischen Rijsttafel. Bei diesem Festmahl stehen Schalen mit Reis und mehrere Hauptgerichte auf dem Tisch. Jeder bedient sich selbst. Die Reistafel war unter den Kolonialherren ein beliebtes Festessen und wurde als solches in die Niederlande eingeführt.

Diese kolonialen Festgesellschaften sind jedoch nicht zu vergleichen mit indonesischen Festessen, bei denen gut und gerne 600 Personen und mehr zusammenkommen. Bei solchen Gelegenheiten werden häufig Speisen für mehrere Hundert Gäste zubereitet. Außerhalb von Festen und Feiern haben gemeinsame Essenszeiten jedoch keine Tradition.

Es gibt also keine geregelten Zeiten, sondern man isst, wenn man Hunger hat. Qualität, Frische und Geschmack des Essens spielen dabei eine große Rolle. Zudem sind indonesische Gerichte sehr variantenreich und kombinieren einheimische Gerichte auf nahezu perfekte Art und Weise mit Einflüssen anderer Kulturen. Auch für Vegetarier ist diese Küche so abwechslungsreich, dass man 365 Tage im Jahr etwas anderes essen kann.
Indonesisch zu kochen bedeutet, eine Vielfalt an Gewürzen zu nutzen. Dabei darf man nicht von einem Standard-Gewürzsortiment, wie es in Mitteleuropa bekannt ist, ausgehen, denn Chili, Pfeffer, Knoblauch, Ingwer, Zimt, Nelken, Koriander und anderes werden kombiniert mit einer Vielzahl von Gewürzmischungen und Pasten. Der Phantasie sind hier kaum Grenzen gesetzt.
Vegetarisches Essen hat in Indonesien eine lange Tradition, auch wenn sich die Bevölkerung heute meist Fleisch und Fisch leisten kann. Die Vielfalt der indonesisch vegetarischen Gerichte lässt nichts vermissen. Und wie in vielen anderen Ländern findet das ehemalige einfache oder Arme-Leute-Essen heute Eingang in die Gourmettempel der Spitzenköche. Für Vegetarier ist Indonesien kulinarisch geradezu ein Paradies.
In den Garküchen, die es fast an jeder Straßenecke gibt, findet man die jeweiligen regionalen Spezialitäten, überall sind auch solche ohne Fleisch und Fisch zu finden. Indonesien ist so groß, dass es eine Vielzahl an kulinarischen Abwechslungen bietet, die ein Reisender – es sei denn, er bleibt Monate oder Jahre – gar nicht alle probieren kann.
Häufig sind es Snacks wie Frühlingsrollen, Teigtaschen mit Gemüsefüllung oder kleine Maisküchlein, die man an den Ständen kaufen und genießen kann. Außerdem findet man Suppen mit Kokosmilch, Gemüse, Tofu, Tempeh, Glasnudeln und anderem. Und natürlich gibt es eine Vielzahl an Hauptspeisen auf Reis-, Nudel-, Tofu- oder Gemüsebasis. Von den Süßspeisen wie Crêpes oder Bananenkuchen gar nicht erst zu reden.
Für gewöhnlich wird in Indonesien mit Gabel und/oder Löffel gegessen. In manchen ländlichen Regionen oder bei der Reistafel auch mit den Fingern; das heißt mit der rechten Hand, da die linke als unrein gilt.
In vielen Gerichten findet sich Kokosmilch, die – ähnlich wie Sahne – die Schärfe etwas nimmt. Es gibt eine Vielfalt an Sojasaucen und natürlich Sambals in allen Varianten. Meist wird zum Essen zusätzlich sauer eingelegtes Gemüse gereicht, wie man dies auch aus Korea kennt.
Jeder, der einmal mit asiatischer Küche in Berührung kam, kennt Nasi goreng (gebratener Reis), Gado gado (gemischtes Gemüse) oder Sambal oelek (Chilipaste). Vieles davon finden Sie in diesem Buch, mit dem wir Sie in die vegetarische Küche Indonesiens entführen möchten, zu der auch die entsprechenden Getränke gehören. Sie werden die Schönheit dieses exotischen Landes und seiner freundlichen Menschen in jedem Gericht schmecken.

Wir laden Sie ein auf eine kulinarische Reise nach Indonesien, wünschen Ihnen viel Spaß bei der Zubereitung und

Guten Appetit!
Selamat makan

WARENKUNDE

Lebensmittel und Zutaten für die indonesische Küche bekommen Sie in jedem Asialaden, in gut sortierten Supermärkten oder bei Online-Versendern. Oder Sie stellen sie kurzerhand selbst her.

Die Vorbereitung beginnt in Indonesien mit einem Einkauf auf dem *Pasar* (Markt). Hier geht es laut und für Nicht-Indonesier ausgesprochen chaotisch zu. Es wird gerne gerechnet und gehandelt. Und wenn die Frau des Hauses für größere Gesellschaften oder Anlässe einkaufen geht, dürfen Kinder und andere Familienmitglieder zum Tragenhelfen natürlich mitkommen.

Reis, Nudeln und Gewürze sind in jedem Haushalt immer ausreichend vorhanden, so dass jederzeit eine vollständige Mahlzeit zubereitet werden kann.

GEWÜRZE UND KRÄUTER

Chilischoten

Capsicum frutescens (botanisch), Cabai rawit (indonesisch)

Indonesische Chilis, teilweise auch *Lombok rawit* genannt, besitzen eine eher dünne Haut und sind auf einer Schärfeskala von zehn Einheiten mit Schärfegrad acht schon relativ scharf. Diese Pflanzen zählen zu den Nachtschattengewächsen und sind in der Regel doppelt so scharf wie die Annuum-Sorten (siehe Peperoni/Gewürzpaprika). Es werden – nicht nur für Sambals (siehe Seite 21) – rote und grüne Sorten verwendet. Indonesische Chilis werden den Cayennesorten zugerechnet und bei uns manchmal als Peperoni verkauft. Sie sind ein Muss in der indonesischen Küche, wo sie mit den Kernen verwendet werden, was die Speisen noch schärfer macht. Als Ersatz eignen sich die häufiger angebotenen Thai-Chilis, die es ebenfalls in rot und grün gibt. Auch die etwas dickfleischigere Dutch Red (eine Hybride aus indonesischen Sorten) ist geeignet.

Großer Galgant

Alpinia galanga (botanisch), Lengkuas/Laos (indonesisch)

Galgant wird wie Ingwer verwendet, zu dessen Pflanzenfamilie er zählt. Er ist auch als Thai- oder Siam-Ingwer bekannt. Sein Fruchtfleisch ist blass bräunlich und wird für Suppen in Scheiben geschnitten. Sein frischer, pfeffriger Geschmack geht leicht ins Bittere, deshalb wird Galgant nicht immer mitgegessen. Er ist etwas milder als klassischer Ingwer. Für Pasten wird er püriert, zudem ist er getrocknet in Scheiben und als Laos-Pulver erhältlich. Er wirkt verdauungsfördernd und appetitanregend.

Gelbwurz/Kurkuma

Curcuma longa (botanisch), Kunyit (indonesisch)

Kurkuma gehört nicht nur zu den Ingwergewächsen, er sieht auch ähnlich aus. Das Innere seines weitverzweigten Rhizoms (Wurzelstock) ist stark gelb- bis orangefarben. Kurkuma wird meist getrocknet und zu Pulver vermahlen zum Aromatisieren, Abrunden und Färben von Gerichten verwendet. Er ist preiswerter als Safran und um Reis oder

andere Gerichte zu färben, genügt schon eine Messerspitze Kurkuma und das Essen strahlt leuchtend gelb. Frischer Kurkuma hat einen harzigen, eher brennenden Geschmack und wird meist in Pasten verarbeitet.

Ingwer

Zingiber officinale (botanisch),
Jahe (indonesisch)

Ingwer ist eine Pflanze, die in den Tropen und Subtropen wächst. Das ca. 50 cm lange Rhizom (Wurzelstock) ist knollig verzweigt und hat Eingang in die Küche vieler Länder gefunden. Ingwer schmeckt scharf und würzig, kann aber je nach Sorte auch süßlich-mild sein. In der indonesischen Küche wird Ingwer vielfach eingesetzt. Für Suppen und Eintöpfe schneidet man ihn in Scheiben, für Wok-Gemüse wird er feingehackt.

Kaffirlimettenblatt

Citrus hystrix (botanisch),
Daun jeruk (indonesisch)

Die Zitruspflanze gehört zu den immergrünen Rautengewächsen. Die Blätter sind länglich-oval und werden in der indonesischen Küche recht häufig verwendet. Sie werden feingeschnitten, mitgekocht und können mitgegessen werden. Ihr Geschmack ist stark zitronenartig und aromatisch, daher werden sie auch als Zitronenblätter bezeichnet.

Grüner Kardamom

Elettaria cardamomum (botanisch),
Kapulaga (indonesisch)

Kardamom gehört zu den Ingwerpflanzen und ist in der gesamten asiatischen Küche weitverbreitet. Bei uns ist er vor allem aus der Weihnachtsbäckerei oder zur Verfeinerung arabischen Mokkas bekannt. Die beste Qualität hat Kardamom, wenn seine Kapseln frisch grün und die Samenkörner schwarz und ölig sind. Sie besitzen ein frisches, nach Zitrone und Kampfer schmeckendes Aroma. Da dieses Aroma schnell verfliegt, sind beim Kochen ganze Kapseln zu empfehlen und die Samen nur dann zu zerkleinern, wenn tatsächlich Bedarf besteht. Kardamom wird ganz und gemahlen (dann erst zum Schluss dazugeben) verwendet, in Indonesien hauptsächlich in Süßspeisen und in Getränken. Schwarzer Kardamom (*Amomum subulatum*) findet mit seinem leicht rauchigen Aroma in pikanten Gerichten Verwendung.

Koriander

Coriandrum sativum (botanisch),
Ketumbar (indonesisch)

Koriander ist ein Doldenblütler und gehört zu den ältesten Gewürz- und Heilpflanzen der Welt. Im Aussehen ähnelt er Petersilie. Die zarten Blätter sind hell- bis dunkelgrün, ihr Aroma, das viele als scharf und leicht bitter bezeichnen, gelegentlich auch als seifig, hat etwas Frisches, Zitrusartiges. Werden die Samen verwendet, sind sie kurz anzurösten, bis sie duften; so verflüchtigen sich die Bitterstoffe. Koriander findet in der indonesischen Küche eine vielfältige Verwendung. Wichtig zu wissen ist, dass Samen und Blätter sehr unterschiedliche Aromen haben. Beides wird für Suppen, besonders Nudelsuppen, Saucen und Eintöpfe verwendet. Gemahlener Koriander wird gerne mit Kreuzkümmel kombiniert. Die Blätter dienen zudem der Verfeinerung von Salaten – sowohl geschmacklich wie auch als Dekoration. Gerichte mit frischem Koriander nie in Metallgefäßen servieren oder aufbewahren, da der Metallgeschmack und -inhaltsstoffe sonst auf das Lebensmittel übergehen können.

Kreuzkümmel/Cumin

Cuminum cyminum (botanisch),
Jinten (indonesisch)

Kreuzkümmel gehört zu den Doldenblütlern und hat seinen Namen von der kreuzförmigen Blattstellung der Pflanze und seinem kümmelähnlichen Aussehen. Geschmacklich hat er mit dem uns bekannten Kümmel nichts zu tun. Kreuzkümmel erinnert vom Geruch her eher an Curry. Er wird nicht nur in der indonesischen Küche gerne mit Koriander kombiniert. Meist werden die ganzen Samen verwendet. Gemahlen ist Kreuzkümmel schnell zu verbrauchen, da er schnell sein Aroma verliert.

Kubebenpfeffer

Piper cubeba (botanisch),
Lada jawa/Kamukus (indonesisch)

Die gestielten Beeren des in Indonesien heimischen Pfeffergewächses werden getrocknet in der Küche verwendet. Sie sind etwas größer als schwarzer Pfeffer und innen meist hohl; ihr Aussehen erinnert an Piment. Die würzig-pfeffrige und leicht bittere Schärfe des Kubebenpfeffers entfaltet sich am besten, wenn er erst kurz vor seiner Verwendung frisch gemahlen wird.

Indonesischer Langpfeffer

Piper retrofractum (botanisch),
Lada panjang (indonesisch)

Auch als balinesischer Pfeffer bezeichnet, gehört diese südostasiatische Pfefferart zu den Piper-Longum-Sorten. Die ca. 3 cm langen Stangen werden meist im Mörser zerkleinert und besitzen ein warmes Aroma, das an Piment und Muskat erinnert, gepaart mit einer kräftigen Pfefferschärfe und einer leicht süßlichen Note. Er kann anstelle von schwarzem Pfeffer genutzt werden und sorgt für einen ganz besonderen Geschmack.

Pandan(us)blatt

Pandanus amaryllifolius (botanisch),
Daun pandan (indonesisch)

Die immergrüne Pflanze zählt zu den Schraubenbaumgewächsen und besitzt palmenähnliche Blätter. In der indonesischen Küche dient das frische Blatt vor allem der Aromatisierung der Speisen. Das Aroma des Pandanblattes ist vanilleähnlich und leicht nussig. Das frische Blatt wird entweder mit den Speisen mitgekocht oder die Speisen werden direkt in die Blätter eingewickelt und dann gegart oder frittiert. Die Blätter werden dabei nicht mitgegessen. Insbesondere bei weniger hochwertigen oder weniger duftenden Reissorten dient das Pandanblatt der Aromatisierung. Es wird ebenso für Süßspeisen verwendet. In Asialäden ist auch Pandanblattextrakt erhältlich.

Peperoni/Gewürzpaprika

Capsicum annuum (botanisch),
Cabai (indonesisch)

Scharfe rote und grüne Paprikaschoten gehören wie Chilis (siehe Seite 10) zu den Nachtschattengewächsen – ebenso wie unsere Gemüsepaprika, bei denen die Schärfe weggezüchtet wurde –, botanisch handelt es sich also um Beeren. Annuum bedeutet zwar einjährig, aber die meisten Paprikasorten sind mehrjährig. Die Schärfe der Gewürzpaprika reicht von mild-süß bis brennend scharf. Ursprünglich aus Mittelamerika stammend, haben die Pflanzen im Laufe der Jahrhunderte in vielen Ländern dieser Erde ihre Heimat gefunden – auch in Südostasien. Aus Indonesien stammt beispielsweise die langschotige Sorte Cabai panjang.

Salamblatt

Syzygium polyanthum (botanisch),
Daun salam (indonesisch)

Salamblätter werden auch als indonesischer Lorbeer bezeichnet, was etwas irreführend ist, gehört das Gewürz doch zu den Myrtengewächsen wie auch die Gewürznelken. Es findet sowohl als Heil- wie auch als Gewürzpflanze Verwendung. Ihr Aroma entwickeln die Salamblätter, wenn sie vor ihrer Verwendung ein paar Tage trocknen konnten (siehe gegenüberliegende Abbildung, links oben). Da sich ihr Geschmack nur langsam entfaltet, wird das Blatt gleich zu Beginn des Kochens dazugegeben und am Ende der Garzeit wieder herausgenommen. Das aromatisch-herbe Grün gibt Eintöpfen, Suppen und Saucen das besondere Etwas. Als Ersatz wird häufig der bei uns bekannte Lorbeer empfohlen, der jedoch geschmacklich in keiner Weise vergleichbar ist.

Tamarinde

Tamarindus indica (botanisch),
Asam (indonesisch)

Die Heimat der Tamarinden liegt in Ostafrika, von wo aus die Pflanze mit portugiesischen Seefahrern auch nach Südostasien kam. Die bräunlichen Hülsenfrüchte, die auf Bäumen wachsen, werden auch Indische Datteln genannt. Sie sind etwa 5 bis 20 cm lang und leicht gekrümmt. Es gibt süße und saure Tamarinden, ihr Geschmack ähnelt dem der Zitrone. Das Fruchtmark ist auch als gepresste Tafel erhältlich. Meist sind da noch die Kerne enthalten, die dann bei der Zubereitung entfernt werden müssen (z. B. das aufgeweichte Mark durch ein Sieb streichen). Saft und Pasten gibt es ebenfalls im Handel.
In der indonesischen Küche werden saure Tamarinden für Suppen, Salate und Marinaden verwendet.

Zitronengras

Cymbopogon citratus (botanisch),
Serai (indonesisch)

Das Zitronengras, auch Lemongras genannt, gehört zur Familie der Süßgräser. Es wird vor allem frisch verwendet (siehe gegenüberliegende Abbildung, rechts unten). Getrocknetes Zitronengras hat kaum Aroma und wird eher für Tees verwendet. Frisches Zitronengras wird in der indonesischen Küche hauptsächlich für Suppen, Marinaden und Eintöpfe eingesetzt, aber auch Süßspeisen und Getränke profitieren von seinem Geschmack.
Für die Zubereitung wird Zitronengras am besten längs halbiert, mit der flachen Seite eines breiten Messers angequetscht und mit kochendem Wasser übergossen oder in Öl angebraten. So kommt das zitrusartige, frische Aroma am besten zur Geltung.

OBST UND GEMÜSE

Bambussprossen

Bambusa (botanisch), Rebung (indonesisch)

Bambussprossen sind die jungen Schösslinge des Bambusrohrs, der als Lebensmittel genutzten Gattungen *Bambusa*, *Dendrocalamus* und *Phyllostachys*. Frisch geerntet haben Bambussprossen ein festes, helles Fleisch und sind innen hohl. Sie sind vorgekocht und abgepackt oder in Dosen erhältlich. In der indonesischen Küche werden sie gedünstet oder gekocht als Gemüse und für Suppen verwendet.

Chayote

Sechium edule (botanisch), Waluh (indonesisch)

Chayote ist eine Kürbispflanze, die wie eine große, grüne, schrumpelige Birne aussieht, die von tiefen Furchen durchzogen ist. Sie schmeckt wie eine Mischung aus Zucchini und Gurke. Das feste, elfenbeinfarbene bis grüne Fruchtfleisch sondert beim Schneiden einen klebrigen Saft ab. Alle Teile der Pflanze, auch Blätter und Schale, sind essbar. Verarbeitet wird Chayote meist wie Kürbis, besitzt aber nur einen Kern. Sie kommt in der indonesischen Küche kleingeschnitten in Suppen und Eintöpfen zum Einsatz.

Drachenfrucht/Pitahaya

Hylocereus monacanthus, H. udatus und H. megalanthus (botanisch), Buah naga (indonesisch)

Die Drachenfrucht gehört zu den Kakteengewächsen. Je nach Sorte hat sie eine pinkfarbene (siehe Abbildung oben) oder gelbe Schale. Ihr Fruchtfleisch ist je nach Sorte rot oder weiß und mit vielen kleinen, schwarzen Samen durchsetzt. Verwendung findet die attraktive Drachenfrucht nicht nur zu Dekorationszwecken. Ihr Fruchtfleisch ist sehr saftig und erfrischend, ihr Geschmack ähnelt dem der Kiwi, daher wird sie auch ähnlich verwendet. Wird die Drachenfrucht erhitzt, geht ihr Aroma verloren. In der indonesischen Küche findet man die Drachenfrucht in Süßspeisen und Fruchtsalaten. Als Mus mit Eiswürfeln eignet sie sich auch als Erfrischungsgetränk.

Durian

Durio zibethinus (botanisch), Durian (indonesisch)

Die Durianfrucht, die wegen ihres ausgeprägten Geruchs auch Stink- oder Käsefrucht genannt wird, gehört zu den Malvengewächsen. In Indonesien wird die Durian als »Königin der Früchte« bezeichnet. Sie ist teuer und hat in etwa die Größe und Form einer Kokosnuss (siehe Abbildung rechts außen). In ihrem Inneren befinden sich mehrere Kammern mit Fruchtfleisch und großen Kernen.

Im Gegensatz zum Geruch schmeckt aber ihr Fruchtfleisch, dessen Konsistenz an Pudding erinnert, cremig-süß und vanilleartig. An der Durian scheiden sich die Geister – entweder man mag sie oder man findet sie abstoßend. Ihr Fruchtfleisch mit Kernen gibt es auch tiefgefroren zu kaufen. Das Fruchtfleisch wird für Süßspeisen, Fruchtsalate und Getränke verwendet.

Jackfrucht

Artocarpus heterophyllus (botanisch), Nangka (indonesisch)

Die gelbfleischige Jackfrucht ist sehr aromatisch und süß; die ungeöffnete reife Frucht kann einen unangenehmen bis penetranten Geruch verströmen. Sie wächst zu einer Größe von 30 bis 100 cm am Stamm des Jackfruchtbaumes, der zu den Maulbeergewächsen gehört (siehe Abbildung oben). Im Inneren der Jackfrucht, die beim Öffnen ein sehr klebriges Sekret absondert, das man nur mit Öl oder Lösungsmittel wieder von den Händen bekommt, befinden sich die eigentlichen Steinfrüchte. In den sackförmigen Fruchtsegmenten befindet sich das weiche saftige Fruchtfleisch. Die in der Frucht vorhandenen Kerne schmecken nach Kastanie und werden gekocht oder geröstet. Das gelbliche und sehr süße Fruchtfleisch wird für Süßspeisen, Fruchtsalate und Getränke entkernt. Die in der Sonne getrockneten Fruchtsegmente werden wie Chips gegessen. Unreifes, helles und gekochtes Jackfruchtfleisch hat eine ähnliche Konsistenz wie Geflügel und kann ebenso verwendet werden.

Maniok

Manihot esculenta (botanisch), Ubi jalar (indonesisch)

Maniok stammt ursprünglich aus der Karibik, heute belegt Indonesien Platz drei der weltweit größten Maniokproduzenten. Die zu den Wolfsmilchgewächsen gehörende Pflanze wächst in sandigen und lehmartigen Böden. Ist es zu trocken, wirft sie einfach ihr Laub ab. Setzt neuer Regen ein, beginnt sie schnell wieder zu sprießen. In der indonesischen Küche werden hauptsächlich die stärkehaltigen Wurzelknollen (innen weiß oder gelb), gelegentlich auch die Blätter als Gemüse verwendet. Vorsicht: Maniokknollen sind roh giftig (Linamarin). Maniok wird deshalb geschält, in Stücke geschnitten und gekocht, gebraten oder frittiert. In anderen Ländern wird auch Maniokmehl gewonnen, das durch Wässern der gestampften Masse entsteht, die danach getrocknet wird. Auch das Auswaschen scheint das Gift zu entfernen. Frittierte Maniokspalten eignen sich ausgezeichnet als Snack zwischendurch. Auch die Blätter werden in Indonesien zubereitet. Sie werden gedämpft und – wie fast alles – mit Sambal serviert.

BALI EXPRESS

Mungbohnensprossen

Vigna radiata (botanisch),
Taoge (indonesisch)

Mungbohnensprossen werden bei uns häufig fälschlicherweise als Sojasprossen bezeichnet, da sie diesen sehr ähnlich sind. Die sehr proteinhaltige Mungbohne (Trockenbohne) ist kleiner als die helle Sojabohne. Sie besitzt meist eine grüne Außenschicht mit einem hellen Nabelfleck, ihr Inneres ist gelblich.
Die einjährige Pflanze gehört zu den Hülsenfrüchten. Man kann Mungbohnensprossen leicht selbst zu Hause ziehen. In der gesamten asiatischen Küche gehören sie ins Wok-Gemüse. Auch roh, z. B. im Salat, sind sie eine schöne Ergänzung. Aus dem Mehl der Mungbohnen werden Glasnudeln (siehe Seite 20) hergestellt.

Spargelbohnen/Schlangenbohnen

Vigna unguiculata sesquipedalis (botanisch), Kacang panjang (indonesisch)

Von der Bohnenart *Vigna uniculata* gibt es drei Unterarten. Eine davon ist die Spargelbohne. Sie ist eine einjährige Pflanze, die wie unsere grüne Bohne aussieht. Nur wird sie deutlich länger und ihr Geschmack ist würziger bzw. süßlich-nussig (siehe gegenüberliegende Seite, oben rechts hinten). Die bis zu 100 cm langen Bohnen werden in Stücke geschnitten und gekocht bzw. gedünstet. Die Bohnensorte ist in Südostasien, Ost- und Südafrika sehr beliebt.
Die anderen beiden sind Schlangenbohnen (auch Catjangbohnen), die meist als Viehfutter verwendet werden, und Augenbohnen, die zur Gewinnung von Trockenbohnen angebaut werden.

Süßkartoffel/Batate

Ipomoea batatas (botanisch),
Ubi kayu (indonesisch)

Nach Kartoffeln und Maniok stehen Süßkartoffeln an dritter Stelle der weltweit am häufigsten angebauten Knollenpflanzen. Außer dass sie wie eine Kartoffel verarbeitet und auch roh gegessen werden kann, ist sie ihr sonst nicht ähnlich. Die orangefleischigen Sorten sind am schmackhaftesten, es gibt sie aber auch mit weißem, gelbem, rosafarbenem oder violettem Fleisch. Süßkartoffeln werden geschält und in Indonesien z. B. geschnitten in Kokosmilch gekocht oder zu Brei verarbeitet. Sie eignen sich als Hauptmahlzeit oder frittiert als Chips für eine kleine Zwischenmahlzeit. Auch Süßspeisen werden gerne mit ihnen hergestellt.

Wasserspinat

Ipomoea aquatica (botanisch),
Kangkung (indonesisch)

Wasserspinat wächst – wie der Name schon sagt – im Boden verankert oder schwimmend im Wasser. Er ist sehr ergiebig, denn die Pflanze gedeiht nach der ersten Ernte weiter, so dass bis zu acht Monate lang alle zwei bis drei Wochen wieder junge Blätter gepflückt werden können. Im asiatischen Raum ist der Wasserspinat ein klassisches Sommergemüse (siehe gegenüberliegende Seite, unten links). Er ist fester und schmeckt kräftiger als unser Spinat. Wasserspinat wird nur kurz gedünstet und ist eine beliebte Zutat in Suppen und Eintöpfen.

VORRATSKAMMER

Nudeln und Reis

Die Stärke der Mungbohne und Wasser bilden die Basis der indonesischen **Glasnudeln** *(Soun)*. Glasnudeln enthalten weder Salz noch Fett und auch kein Eiweiß. Sie werden als Füllung für Teigtaschen, gebraten oder in Suppen verwendet. Es gibt auch Glasnudeln, die aus Süßkartoffel- oder Pfeilwurzelstärke gemacht werden. In vielen bei uns als Glasnudeln angebotenen Produkten ist häufig noch Mais-, Erbsen- oder Kartoffelstärke enthalten.

Sie sind nicht zu verwechseln mit **Reisnudeln** *(Bihun)*, die aus Reismehl hergestellt werden. Deren Form erinnert an sehr dünne Spaghetti. Mit kochendem Wasser übergossen quellen sie für einige Minuten, bevor sie weiterverwendet werden. Alternativ kann man sie ein bis zwei Minuten kochen. In der indonesischen Küche werden sie häufig für Nudelsuppen genutzt oder als Hauptmahlzeit zusammen mit Gemüse gebraten.

Weizennudeln *(Mie)* bestehen aus Weizenmehl, Wasser und Salz. Es gibt auch die zusätzlich mit Ei hergestellten Mie-Eiernudeln, die bei uns meist als chinesische Eiernudeln bezeichnet werden. Mie gibt es in unterschiedlichen Breiten und Dicken, z. B. als dünne Bandnudeln oder dicke Spaghetti. Meist werden die langen Nudeln in runden oder eckig verpackten Knäulen verkauft, die sich erst beim Kochen »entwickeln«.

Indonesien ist weltweit der drittgrößte Reisproduzent. Es gibt heute ein paar Projekte, die alte, seltene Reissorten des Landes in Kooperativen wieder anbauen. Daneben spielt normaler weißer Langkornreis die Hauptrolle, der auch in den bekannten Gerichten wie Nasi Goreng (Nasi bedeutet gekochter Reis) genutzt wird. Die Langkornreissorten **Java-** und **Lombokreis** sind nach ihren ursprünglichen Anbaugebieten benannt. Beide sind in Koch- und Quellverhalten dem bei uns meist eher bekannten Patnareis ähnlich. Eine besondere Spezialität von Bali ist der **schwarze Klebreis** *(Ketan hitam)*, ein beim Kochen stark zusammenklebender Langkornreis. In Kokosmilch und Palmzucker etwa 50 Minuten bei mittlerer Hitze gegart, ähnelt er unserem Milchreis, hat jedoch eine breiigere Konsistenz.

Von Palmen und Bäumen

Judasohren (bot. *Auricularia auricula-judae*) wachsen als Parasit auf verschiedenen Baumarten. **Judasohren** *(Jamur kuping)* kauft man in unseren Breiten meist getrocknet ein. Die Pilze, deren Konsistenz an frische Algen erinnert, werden zum Aufquellen in Wasser eingelegt. Der auch als Wolkenohr oder Mu-err bezeichnete Pilz hat wenig Eigengeschmack. Er nimmt jedoch intensiv den Geschmack der Suppe oder Sauce auf, in der er gekocht wird.

Ohne **Kokosmilch** *(Santan)* ist die indonesische Küche undenkbar. Dabei handelt es sich nicht um die Flüssigkeit in der Kokosnuss (Kokoswasser), denn Kokosmilch wird aus dem Fruchtfleisch der Kokosnuss hergestellt. Dieses wird fein gerieben und durch ein Tuch gepresst. Das ausgepresste Fruchtfleisch wird danach mit kochendem Wasser übergossen und nochmals ausgedrückt.

So entsteht die schmackhafte, dünnflüssige Kokosmilch. Sie wird in der indonesischen Küche ähnlich wie bei uns Sahne genutzt – zum Kochen von Eintöpfen und Suppen oder zur Herstellung von Süßigkeiten.

Im Handel sind auch bei uns sehr gute Konserven erhältlich.
Die an Ölen reiche **Lichtnuss** *(Kemiri)* wird in der asiatischen Küche als Gewürz verwendet. Da sie roh giftig ist, wird sie vor der Verwendung geröstet oder roh gemahlen und dann gekocht. Diese Kerne des Lichtnussbaumes (bot. *Aleurites moluccanus*) haben einen leicht süßlichen, nussigen Geschmack, wirken in Saucen und Sambals wie ein Geschmacksverstärker und machen Speisen sämiger.
Die Zucker- oder auch Attapalme (bot. *Arenga pinnata*) kann 10 bis 15 m hoch werden. Die erste Ernte des Saftes aus den männlichen Blütenständen beginnt nach etwa zehn Jahren. Dabei werden die Blütenstände ab- und angeschnitten. An der Schnittfläche tritt Palmsaft aus, der meist zu **Palmzucker** *(Gula merah)* verarbeitet wird. Dazu wird der unraffinierte Palmsaft gekocht, bis er auskristallisiert. Er wird wie Rohrohrzucker verwendet und für Süßspeisen oder zum Abschmecken genutzt. Sein karamellartiger Geschmack kann nicht durch normalen Zucker ersetzt werden. Palmzucker ist weniger süß als raffinierter Zucker. Der in Blöcke gegossene, gelbliche bis braune Palmzucker hält sich etwa ein halbes Jahr. Er ist auch in Form von gepressten Platten oder Brocken erhältlich. Palmzucker muss trocken gelagert und vor der Verwendung zerkleinert werden. In anderen Ländern Südostasiens wird, je nach Klima, der Palmzucker auch von anderen Palmenarten gewonnen, z. B. von der Nipapalme (bot. *Nypa fruticans*) und von der Kokospalme (nicht zu verwechseln mit Kokosblütenzucker). Aus dem vergorenen Palmsaft wird Palmwein hergestellt. Aus dem Fruchtfleisch der jungen **Steinfrüchte der Zuckerpalme** *(Buah kolang kaling)* werden in einem aufwändigen Verfahren in Sirup eingelegte **Palmfrüchte** hergestellt. Die in Indonesien beliebte Nascherei wird auch in Süßspeisen, Fruchtsalat und Getränken verarbeitet.

Saucen und Pasten

Chilipaste *(Sambal)* ist **das** typische indonesische Lebensmittel, um nicht zu sagen Lebenselixier. Ein Gericht ohne Sambal ist einfach nicht vorstellbar. Es wird in kleinen Schälchen zu jeder Hauptmahlzeit gereicht. Die Grundlage für das bekannte *Sambal oelek* bilden rohe, zerkleinerte rote Chilischoten, Salz und eine Prise Zucker. Es gibt aber auch grünes Sambal (*Sambal hijau*, Seite 52). Je nach Zubereitungsart unterscheiden sich die vielfältigen Geschmacksrichtungen des Sambals auch in ihrer Schärfe (*Sambal manis* ist beispielsweise ein sehr mildes Sambal, hingegen sind *Sambal pedas*, *rawit* und *setan* sehr scharfe Pasten). Dabei gibt es kalt zubereitete und mit Salz konservierte Varianten und solche, die in Öl gebraten und mit Ingwer (*Sambal jahe*, Seite 54) oder Tomaten (*Sambal tomat*, Seite 57), Knoblauch (*Sambal asli*), Zwiebeln (*Sambal bajak*) oder anderem versetzt und so lange geköchelt werden, bis sie eine ölige, dickflüssige Konsistenz erreicht haben.
Die Geschichten darüber, wer die **Erdnussbutter** *(Pindakaas)* erfunden hat, sind fast so vielfältig wie ihre Geschmacksvariationen. Ob eher süß oder salzig, ob grob oder fein Erdnussbutter gehört einfach zur indonesischen Küche dazu. Sie ist der Grundstoff für Erdnusssaucen. Diese wird in vielen unteschiedlichen Geschmacksrichtungen z. B. zu Gado gado, Saté und Salaten gereicht, man stellt

sie einfach zum Dippen in kleinen Schälchen auf den Tisch oder man macht mit ihr **Erdnuss-Sambal** *(Sambal pecel)*.

Sojasauce *(Kecap)* wird in der Grundrezeptur aus Wasser, Sojabohnen, Getreide und Salz hergestellt. Sojasauce ist in der gesamten asiatischen Küche unverzichtbar. Je nach Herstellungsverfahren und Zutaten gibt es unzählige Varianten. Sie unterscheiden sich in Farbe (hell bis dunkel), Konsistenz (dünn- bis dickflüssig), Geschmack (süß bis salzig) und Geruch voneinander. Die salzige, helle, **dünnflüssige Sojasauce** *(Kecap asin)* findet sich überwiegend in Suppen und im Wok-Gemüse wieder. Die süße, dunkle, **dickflüssige Sojasauce** *(Kecap manis)*, die an Balsamico-Creme erinnert, wird außerdem noch für die Herstellung von Sambals (Seite 52 ff.) verwendet.

Hülsenfrüchte

Mungbohnen *(Kacang hijau)*, also nicht nur die Mungbohnensprossen (siehe Seite 19), werden in der indonesischen Küche für Suppen verwendet. Aus dem Mehl der Mungbohnen werden auch Glasnudeln (siehe Seite 20) hergestellt. Die Sojabohne ist Grundlage für **Tofu** *(Tahu)* und **fermentierten Sojakuchen** *(siehe unten)*. Tofu ist ein wichtiger Bestandteil der indonesischen Küche, nicht nur in vegetarischen Gerichten. Man findet ihn in Suppen und Eintöpfen, gefüllt (als Snack), gebraten, frittiert oder gekocht. Tofu wird durch die Gerinnung der Eiweißbestandteile aus Sojamilch hergestellt. Dabei werden Salze und Säuren eingesetzt. Tofu ist nicht gleich Tofu! Je nach Herstellungsmethode gibt es unterschiedlich feste und weiche Sorten.

Tempeh *(Tempe)* wird hingegen aus fermentierten Sojabohnen hergestellt. Es wird mariniert und frittiert als Snack, mit Gemüse gebraten oder in Sojasauce gedünstet zubereitet. Es kann Gewürze durch seine Struktur (kuchenartige Paste) sehr gut aufnehmen und besitzt einen pilzartigen, nussigen Eigengeschmack. Tempeh harmoniert mit fast

allen Gewürzen, ist ein Tausendsassa in der indonesischen Küche und darüber hinaus ein wertvoller Eiweißlieferant. Tempeh wird als leichter, nahrhafter Snack auch in den meisten indonesischen Garküchen angeboten. Seine Herstellung ist so aufwändig, dass sie an dieser Stelle eine Erwähnung wert ist: Gereinigte Sojabohnen werden 24 Stunden bei Zimmertemperatur in Wasser und etwas Essig, damit keine Bakterien entstehen, eingeweicht. Danach werden sie 10 bis 20 Minuten gekocht. Das Wasser wird abgegossen und durch kaltes ersetzt. Nun folgt die zweite Einweichphase, die ebenfalls 24 Stunden dauert. Danach können die Schalen der Samen entfernt werden. Hierzu reibt man die Bohnen mit den Händen und legt sie wieder ins Wasser. Die Schalen schwimmen obenauf und können abgeschöpft werden. Im Dampfkochtopf werden die Bohnen 30 Minuten sterilisiert. Dann folgt die »Beimpfung« der Sojabohnen mit den Sporen von Edelschimmelpilzen (verschiedenen Rhizopus-Arten als Starterkultur). Diese werden in abgekochtem Wasser aufgeschwemmt und mit den Bohnen vermischt. In einem verschlossenen Behälter oder in gut verschlossenen Gefrierbeuteln wird die Masse bei 30 °C etwa ein bis zwei Tage fermentiert. Wenn die Bohnen fest miteinander verbunden sind und eine leichte, weiße Schicht aufweisen, ist der Vorgang abgeschlossen. Aufgrund des hohen Wassergehalts kann rohes Tempeh schnell verderben. Es lässt sich allerdings gut einfrieren. Im Handel ist auch schonend haltbar gemachtes Tempeh im Glas oder vakuumiert erhältlich, das etwas länger hält.

Krupuk werden fälschlicherweise oft als Krabbenchips oder Garnelencracker bezeichnet. Diese sind jedoch nur eine Sorte von Krupuk, die es auch vegetarisch gibt. Krupuk ist in Indonesien die Bezeichnung für Kekse, Cracker, Chips – egal ob nur getrocknet, gebacken oder frittiert, wie die Auswahl in gut sortierten Asialäden zeigt. Vegetarische Krupuk bestehen z. B. aus Tapiokamehl, Karotten, Tofu und Gewürzen. In Indonesien werden Krupuk meist nur aus Tapiokamehl *(Krupuk aci)* oder Tofu mit Gewürzen hergestellt. Eine Art vegetarische Krupuk sind *Emping*, die aus den sehr stärkehaltigen Melinjo-Samen (bot. *Gnetum gnemon)* hergestellt werden.

D-MUTIARA
SUN

SNACKS UND KLEINE GERICHTE

Sie bekommt man in Indonesien zu jeder Tages- und Nachtzeit in den Garküchen an den Straßenecken. Die kleinen Mahlzeiten für zwischendurch lassen sich aber auch zu Hause gut zubereiten.

Pikante Erdnusskekse

Rempeyek kacang

ergibt ca. 24 Stück

2 Knoblauchzehen
5 Lichtnüsse (Seite 21)
5 Kaffirlimettenblätter (Seite 11)
200 g feines Reismehl
225 ml Wasser
1 TL Korianderpulver (Seite 12)
1 TL Kreuzkümmelpulver
200 g Erdnüsse, natur, grob zerstoßen
Salz
Pfeffer, frisch gemahlen
Kokos- oder Erdnussöl zum Frittieren

1 Knoblauch schälen und durch die Knoblauchpresse drücken. Lichtnüsse im Mörser fein zermahlen. Kaffirlimettenblätter waschen, mittlere Blattrippe entfernen und das Grün in feine Streifen schneiden.
2 Reismehl mit Wasser, Knoblauch, Lichtnüssen, Kaffirlimettenblättern, Koriander, Kreuzkümmel und Erdnüssen gut vermischen. Mit Salz und Pfeffer abschmecken.
3 Kokosöl in einer hohen Pfanne erhitzen. Den Teig löffelweise in die Pfanne gleiten lassen und jeweils drei bis vier Kekse darin knusprig goldbraun frittieren. Erdnusskekse auf Küchenpapier abtropfen lassen.

Scharfer Salat süß-sauer

Rujak cuka

für 4 Portionen

200 g Mungbohnensprossen (Seite 19)
1 Mini-Ananas
1 feste Mango
½ Bio-Salatgurke
200 g Weißkohl
100 g feiner Palmzucker (Seite 21)
200 ml Wasser
1–2 rote lange Gewürzpaprika (Seite 13)
1 EL Salz
2 EL Essig
50 g Erdnüsse, geröstet

1 Mungbohnensprossen waschen und abtropfen lassen. Ananas schälen, vierteln und den Strunk entfernen. Ananas in Stifte schneiden. Mango schälen, das Fruchtfleisch vom Kern schneiden und der Länge nach in Scheiben schneiden. Salatgurke waschen, der Länge nach halbieren und nach Geschmack die Kerne entfernen. Gurke längs hobeln. Weißkohl putzen, waschen und sehr fein hobeln.
2 Palmzucker mit Wasser aufkochen und darin auflösen. Gewürzpaprika waschen, putzen und ein Drittel davon in feine Ringe schneiden. Den Rest mit Salz im Mörser fein zerreiben und zum Palmzucker geben. Essig untermischen und abschmecken.
3 Vorbereitetes Obst und Gemüse mit der Marinade vermengen. Noch einmal mit Salz und Essig abschmecken und 20 bis 30 Minuten ziehen lassen. Mit halbierten Erdnüssen bestreut servieren (siehe Abbildung rechts).

Frittierte Frühlingsrollen

Lumpia goreng

ergibt 8 Stück

250 g Möhren
1 Stange Lauch
2 Lauchzwiebeln
150 g Mungbohnensprossen (Seite 19)
2 Knoblauchzehen
2 Schalotten
2 EL Pflanzenöl
Salz
Pfeffer, frisch gemahlen
2 EL salzige Sojasauce (Kecap asin, Seite 22)
100 g Erdnussbutter (Seite 21)
1 TL Sambal oelek (siehe Seite 52)
1 EL Zitronensaft
¼ l Wasser
1 TL Zucker
8 Blatt Frühlingsrollenteig (21,5 cm × 21,5 cm)
1 Eiweiß
Kokos- oder Erdnussöl zum Frittieren

1 Möhren, Lauch und Lauchzwiebeln putzen, waschen und in feine Streifen schneiden. Mungbohnensprossen waschen und abtropfen lassen. Knoblauch und Schalotten schälen und feinhacken.
2 Öl in einer Pfanne erhitzen. Knoblauch und Schalotten darin anschwitzen. Möhren, Lauch, Lauchzwiebeln und Mungbohnensprossen dazugeben. Mit Salz, Pfeffer und Sojasauce abschmecken und abkühlen lassen.
3 Erdnussbutter, Sambal oelek, Zitronensaft und Wasser unter Rühren in einem Topf aufkochen. Mit Salz und Zucker abschmecken, beiseitestellen.
Je 3 EL Gemüsefüllung in die Mitte eines Teigblatts setzen, die Seiten einschlagen und aufrollen. Mit etwas Eiweiß zukleben. In heißem Öl goldbraun frittieren. Mit Erdnusssauce servieren (siehe Abbildung links).

Teigtaschen mit Gemüse-Ei-Füllung

Martabak telor

ergibt 8 Stück

2 Zwiebeln
2 Knoblauchzehen
8 Lauchzwiebeln
4 Eier
Salz und Pfeffer, frisch gemahlen
8 Blatt Frühlingsrollenteig (21,5 cm × 21,5 cm)
8 EL Pflanzenöl zum Braten

1 Zwiebeln schälen und hacken. Knoblauch schälen und fein hacken. Lauchzwiebeln putzen, waschen und in Ringe schneiden. Eier verquirlen und die vorbereiteten Zutaten unterrühren. Mit Salz und Pfeffer kräftig abschmecken.
2 Pro Teigtasche 1 EL Öl in einer Pfanne bei niedriger Temperatur erhitzen. Den Frühlingsrollenteig in die Pfanne geben. Ca. 3 EL Füllung mittig auf den Teig geben. Den Teig mithilfe von zwei Kochlöffeln zusammenfalten. Die Hitze erhöhen und die Teigtasche unter Wenden goldbraun backen.

Frühlingsrollen mit Bambussprossen

Lumpia basah

ergibt 8 Stück

1 EL Tapiokamehl
50 g Palmzucker (Seite 21)
250 g Mungbohnensprossen (Seite 19)
200 g Bambussprossen (Seite 16)
200 g fester Tofu (Seite 22)
Kokos- oder Erdnussöl zum Frittieren
2 Eier
Salz
Pfeffer, frisch gemahlen
3 EL Pflanzenöl
2 Knoblauchzehen
2 Schalotten
3 EL süße Sojasauce (Kecap manis, Seite 22)
8 Blatt Frühlingsrollenteig (21,5 cm × 21,5 cm)
½–1 rote oder grüne Chilischote, feingehackt (Seite 10)

1 Tapiokamehl l mit 2 EL Wasser glattrühren. Palmzucker in 200 ml Wasser aufkochen und auflösen. Tapioka unterrühren und aufkochen, beiseitestellen.

2 Mungbohnensprossen waschen und abtropfen lassen. Bambussprossen in Streifen schneiden. Tofu in ½ cm große Würfel schneiden und in heißem Öl goldgelb frittieren. Herausnehmen und auf Küchenpapier abtropfen lassen. Eier verquirlen, salzen und pfeffern. 1 EL Öl in einer Pfanne erhitzen. Eier darin unter Rühren stocken lassen, klein zerteilen und beiseitestellen.

3 Knoblauch und Schalotten schälen und feinhacken. Restliches Öl in einer großen Pfanne erhitzen. Knoblauch und Schalotten darin anbraten. Bambus, Tofu, Eier und Mungbohnensprossen dazugeben. Mit Salz, Pfeffer und Sojasauce abschmecken.

4 Je 2 EL Palmzuckersauce auf einem Teigblatt verteilen. Etwa 3 EL der Gemüsefüllung in die Mitte setzen, die Seiten einschlagen und aufrollen. Dazu die frisch gehackte rote oder grüne Chilischote servieren.

Teigrolle mit Gemüsefüllung

Risoles sayur

ergibt 8 Stück

Teig

225 g Mehl
1 Ei
1 TL Salz
½ l Wasser
8 TL Pflanzenöl

Füllung

50 g Glasnudeln
100 g grüne Bohnen
100 g Möhren
3 Lauchzwiebeln
2 EL Pflanzenöl
Salz und Pfeffer, frisch gemahlen
2 EL salzige Sojasauce (Kecap asin, Seite 22)

2 Eier
100 g Paniermehl
Kokos- oder Erdnussöl zum Frittieren

1 Mehl, Ei und Salz mit Wasser zu einem glatten Teig verrühren. Etwa 20 Minuten quellen lassen. Je 1 TL Öl in einer beschichteten Pfanne (Ø 24 cm) erhitzen und hintereinander acht dünne Pfannkuchen backen. Auf einem Teller beiseitestellen.

2 Glasnudeln mit heißem Wasser übergießen und kurz ziehen lassen. Bohnen waschen, putzen und in kleine Stücke schneiden. Möhren schälen und in Streifen schneiden. Lauchzwiebeln putzen, waschen und in Ringe schneiden.

3 Öl in einer Pfanne erhitzen. Bohnen, Möhren und Lauchzwiebeln darin etwa fünf Minuten anschwitzen. Glasnudeln abtropfen lassen und unter das Gemüse mischen. Mit Salz, Pfeffer und Sojasauce abschmecken, abkühlen lassen.

4 Eier verquirlen und in einen tiefen Teller geben. In einen weiteren Teller das Paniermehl geben. Je 2-3 EL Gemüsefüllung in die Mitte eines Pfannkuchens setzen, die Seiten einschlagen und aufrollen. Zuerst durch die Eier ziehen, dann gut in Paniermehl wälzen, Überschüssiges vorsichtig abklopfen und die Teigrollen in heißem Öl goldbraun frittieren. Auf Küchenpapier abtropfen lassen.

Wantans mit Gemüsefüllung

Pangsit goreng isi sayur

ergibt 40 Stück

100 g fester Tofu (Seite 22)
100 g Möhren, 100 g grüne Bohnen
100 g frische Shiitake
1 Knoblauchzehe
1 Schalotte
2 EL Pflanzenöl
Salz
Pfeffer, frisch gemahlen
2 EL salzige Sojasauce (Kecap asin, Seite 22)
40 Platten TK-Wantan-Teig, einzeln ausgelegt und aufgetaut
1 Eiweiß
Kokos- oder Erdnussöl zum Frittieren

1 Tofu in kleine Stücke hacken. Möhren putzen, waschen und in sehr kleine Würfel schneiden. Bohnen putzen, waschen und in Scheiben schneiden. Shiitake mit Küchenpapier trocken abreiben, die harten Stiele entfernen und die Pilzhüte hacken. Knoblauch und Schalotte schälen und feinhacken.
2 Öl in einer Pfanne erhitzen. Knoblauch und Schalotte darin goldgelb anbraten. Möhren, Bohnen und Shiitake dazugeben und mitbraten. Tofu untermischen. Mit Salz, Pfeffer und Sojasauce abschmecken, abkühlen lassen.
3 Je 1 TL Gemüsefüllung auf eine Teigplatte geben, Ränder mit Eiweiß bestreichen und zu einem Dreieck zusammenfalten, dabei die Ränder gut festdrücken. In heißem Öl goldbraun frittieren.

Maisküchlein

Perkedel jagung

ergibt 8 Stück

2 Knoblauchzehen
2 Lauchzwiebeln
5 Stängel Koriander (Seite 12)
300 g frische Maiskörner (ersatzweise aus der Dose)
100 g Mehl
2 Eier
Salz
Pfeffer, frisch gemahlen
Pflanzenöl zum Braten
einige Korianderblättchen zum Servieren

1 Knoblauch schälen und feinhacken. Lauchzwiebeln putzen, waschen und in Ringe schneiden. Koriander waschen und feinhacken. Maiskörner grobhacken.
2 Alle Zutaten mit Mehl und Eiern verrühren. Mit Salz und Pfeffer abschmecken. Löffelweise in heißem Öl goldbraun ausbraten.
3 Mit abgezupften Koriandergrün servieren (siehe Abbildung rechts).

Frittierte gefüllte Tofuecken

Tahu isi sayur

ergibt 8 Stück

150 g Mungbohnensprossen (Seite 19)
150 g Möhren
1 Stange Lauch
2 Lauchzwiebeln
2 Knoblauchzehen
2 Schalotten
2 EL Pflanzenöl
Salz
Pfeffer, frisch gemahlen
150 g Mehl
2 EL Tapiokamehl
2 EL Koriandergrün (Seite 12), gehackt
200 ml Wasser
400 g fester Tofu (Seite 22)
Kokos- oder Erdnussöl zum Frittieren

1 Mungbohnensprossen waschen und abtropfen lassen. Möhren waschen, putzen und grobraspeln. Lauch putzen, waschen und in sehr feine Streifen schneiden. Lauchzwiebeln putzen, waschen und in feine Ringe schneiden. Knoblauch und Schalotten schälen und feinhacken.

2 Öl in einer Pfanne erhitzen. Knoblauch und Schalotten darin anschwitzen. Mungbohnensprossen, Möhren, Lauch und Lauchzwiebeln dazugeben und etwa fünf Minuten unter Rühren braten. Mit Salz und Pfeffer würzen. Das Gemüse aus der Pfanne nehmen und abkühlen lassen.

3 Mehl, Tapiokamehl und Koriander mit Wasser zu einem glatten Teig verrühren. Mit Salz und Pfeffer abschmecken.

4 Tofu quer in vier dicke Scheiben schneiden und die Scheiben diagonal halbieren. Die lange Seite wie eine Tasche einschneiden. Mit einem Löffel etwas Tofu herausnehmen. Die Tofumasse mit dem Gemüse vermengen und diese Mischung in die Tofuöffnung füllen, dabei etwas andrücken. Gefüllten Tofu in den Teig eintauchen und in heißem Öl goldbraun frittieren. Dazu Chilisauce servieren.

SUPPEN

In Indonesien ist Suppe keine Vorspeise, sondern eine Hauptmahlzeit. Sie wird häufig zu Reistafeln serviert. Dabei werden die meisten Suppen mit Kokosmilch, Zitronengras, Koriander, Sojasaucen und anderen Köstlichkeiten zubereitet.

Gemüsebrühe

Kaldu sayur

für 4 Portionen

4 Zwiebeln
4 Knoblauchzehen
500 g Lauch
400 g Knollensellerie
500 g Möhren
2 Tomaten
2 l Wasser
2 TL schwarze Pfefferkörner

1 Zwiebeln und Knoblauch schälen und grobhacken. Lauch putzen und waschen. Sellerie waschen und putzen, falls nötig schälen. Möhren und Tomaten waschen, putzen und bei den Tomaten den Strunk entfernen. Alle Gemüse in Würfel schneiden.
2 In einem großen Topf Wasser mit allen Zutaten und Pfeffer zum Kochen bringen. Bei aufgelegtem Deckel und geringer Hitze etwa eine Stunde köcheln lassen.
3 Gemüsebrühe durch ein Sieb in einen Topf gießen und entsprechend weiterverarbeiten. Gewürzt oder gesalzen wird immer erst beim jeweiligen Rezept.

Tipps Diese Brühe kann auch gut portionsweise, z. B. in Eiswürfelbehältern, eingefroren werden. Im Kühlschrank aufbewahrt hält sie sich ungefähr zwei Tage.

Gemüse-Tamarinden-Suppe

Sayur asem

für 4 Portionen

30 g Tamarindenmark (Seite 14)
50 ml Wasser, erhitzt
200 g Spargelbohnen (Seite 19; ersatzweise grüne Bohnen)
2 frische Zuckermaiskolben
1 Chayote (Seite 16; ersatzweise Kohlrabi)
2 Schalotten
1 Stück Galgant (Seite 10; ca. 5 cm)
1 ½ l Wasser
3 Salamblätter (Seite 14)
100 g Erdnüsse, natur
Salz
Palmzucker (Seite 21), nach Geschmack

1 Tamarindenmark in heißem Wasser einweichen. Spargelbohnen putzen, waschen und in 4 cm lange Stücke schneiden. Mais in ca. 3 cm dicke Scheiben schneiden. Chayote waschen, nach Bedarf dünn abschälen und in Würfel schneiden. Schalotten schälen und vierteln. Galgant waschen, putzen und in dünne Scheiben schneiden.
2 Wasser in einen Topf gießen und mit durchgesiebtem Tamarindenmark, seinem Einweichwasser, Salamblättern und Galgant aufkochen. Mais, Spargelbohnen, Chayote und Erdnüsse dazugeben und ca. 30 Minuten bei niedriger Hitze kochen. Mit Salz und Palmzucker süß-sauer abschmecken. Die Salamblätter vor dem Servieren aus der Suppe entfernen (siehe Abbildung rechts).

Klare Spinatsuppe

Sayur bening

für 4 Portionen

2 Zwiebeln
1 kg Spinat
250 g Möhren
1 Stück Ingwer (Seite 11; ca. 5 cm)
1 Tomate
2 rote lange Gewürzpaprika (Seite 13)
1 ¼ l Gemüsebrühe (siehe Seite 38)
250 g frische Zuckermaiskörner (ersatzweise aus dem Glas)
Salz
Pfeffer, frisch gemahlen

1 Zwiebeln schälen und in Streifen schneiden. Spinat putzen, verlesen, waschen und abtropfen lassen, harte Stiele entfernen. Möhren und Ingwer putzen, schälen und in Scheiben schneiden. Tomate waschen und den Stielansatz herausschneiden. Die Tomate achteln. Gewürzpaprika waschen, Scheidewände und Kerne entfernen. Schoten in Scheiben schneiden.

2 Gemüsebrühe aufkochen. Zwiebeln, Möhren, Ingwer und Mais dazugeben und acht Minuten darin garen. Tomate und in mundgerechte Stücke zerpflückten Spinat hinzufügen und weitere fünf Minuten kochen. Mit Salz und Pfeffer abschmecken.

Tempeh-Bambussprossen-Suppe

Sup tempe dan rebung

für 4 Portionen

400 g Tempeh (Seite 22)
250 g Bambussprossen (Seite 16)
3 rote lange Gewürzpaprika (Seite 13)
1 Stück Galgant (Seite 10; ca. 5 cm)
2 Knoblauchzehen
2 Schalotten
2 EL Pflanzenöl
2 TL Kurkumapulver (Seite 10)
3 Salamblätter (Seite 14)
400 ml Kokosmilch
¾ l Gemüsebrühe (siehe Seite 38)
Salz
Pfeffer, frisch gemahlen
½ Bund Koriander (Seite 12)

1 Tempeh in Scheiben, Bambussprossen in Stifte schneiden. Gewürzpaprika und Galgant waschen, putzen und in Scheiben schneiden. Knoblauch und Schalotten schälen und feinhacken.
2 Öl in einem Topf erhitzen. Knoblauch und Schalotten darin anbraten. Galgant, Kurkuma und Salamblätter hinzufügen. Mit Kokosmilch und Gemüsebrühe ablöschen, dann aufkochen. Tempeh, Bambussprossen und Gewürzpaprika dazugeben und etwa 15 Minuten kochen. Salamblätter entfernen, mit Salz und Pfeffer abschmecken. Koriander waschen, Blättchen abzupfen, grob hacken und darüber streuen.

Eiersuppe mit Judasohr-Pilzen

Sup telur jamur

für 4 Portionen

25 g getrocknete Judasohr-Pilze (Seite 20)
300 g frische Champignons
3 Lauchzwiebeln
300 g Pak Choi
3 Knoblauchzehen
1 Schalotte
2 EL Pflanzenöl
1 l Gemüsebrühe (siehe Seite 38)
2 ganz frische Eier
2 EL salzige Sojasauce (Kecap asin, Seite 22)
Salz
Pfeffer, frisch gemahlen
½ Bund Koriander (Seite 12)

1 Judasohr-Pilze in heißem Wasser einweichen. Champignons mit Küchenpapier trocken abreiben und in Scheiben schneiden. Lauchzwiebeln putzen, waschen und in Ringe schneiden. Pak Choi putzen, waschen und die einzelnen Blätter in Streifen schneiden (Stiele evtl. kürzen). Knoblauch und Schalotte schälen und feinhacken. Judasohr-Pilze abtropfen lassen, je nach Größe mit einem Messer zerkleinern.
2 Öl in einem Topf erhitzen. Knoblauch und Schalotte darin anbraten. Beide Pilze dazugeben und mitbraten. Mit Gemüsebrühe ablöschen, aufkochen und etwa fünf Minuten kochen. Lauchzwiebeln und Pak Choi hinzufügen und weitere drei Minuten köcheln.
3 Eier verquirlen und in die heiße Suppe einrühren. Mit Sojasauce, Salz und Pfeffer abschmecken. Koriander waschen, Blättchen abzupfen, hacken und darüber verteilen.

Reisnudelsuppe mit Shiitake
Sup bihun dan jamur
für 4 Portionen

250 g frische Shiitake
2 Lauchzwiebeln
1 Stück Ingwer (Seite 11; ca. 5 cm)
2 Knoblauchzehen
2 Schalotten
2 EL Pflanzenöl
1 l Gemüsebrühe (siehe Seite 38)
Salz
Pfeffer, frisch gemahlen
2 EL salzige Sojasauce (Kecap asin, Seite 22)
300 g Reisnudeln (Seite 20)
4 Stängel Koriander (Seite 12)

1 Shiitake mit Küchenpapier trocken abreiben, harte Stiele entfernen. Shiitakehüte je nach Größe halbieren oder vierteln. Lauchzwiebeln putzen, waschen und in feine Ringe schneiden. Ingwer, Knoblauch und Schalotten schälen, alles fein hacken.
2 Öl in einem Topf erhitzen. Ingwer, Knoblauch und Schalotten darin anbraten. Mit Gemüsebrühe ablöschen und aufkochen.
Mit Salz, Pfeffer und Sojasauce abschmecken. Lauchzwiebeln und Shiitake hinzufügen und etwa fünf Minuten kochen. Reisnudeln dazugeben und darin ziehen lassen. Koriander waschen, Blättchen abzupfen und darüber verteilen (siehe Abbildung links).

Gemüsesuppe mit Eiernudeln
Mie kuah
für 4 Portionen

250 g Eiernudeln (Mie, Seite 20)
250 g Pak Choi
3 Lauchzwiebeln
2 rote lange Gewürzpaprika (Seite 13)
2 Knoblauchzehen
2 Schalotten
2 EL Pflanzenöl
1 l Gemüsebrühe (siehe Seite 38)
Salz
Pfeffer, frisch gemahlen
salzige Sojasauce (Kecap asin, Seite 22) nach Geschmack
4 EL helle Röstzwiebeln (siehe Seite 44)

1 Eiernudeln nach Packungsanweisung zubereiten und abtropfen lassen.
Pak Choi waschen, putzen und kleinschneiden. Lauchzwiebeln waschen, putzen und in Ringe schneiden. Scharfe Paprika putzen, waschen und in Scheiben schneiden.
Knoblauch und Schalotten schälen und feinhacken.
2 Öl in einem Topf erhitzen. Knoblauch und Schalotten darin anbraten. Mit Gemüsebrühe ablöschen und aufkochen. Mit Salz, Pfeffer und Sojasauce abschmecken.
Pak Choi, Lauchzwiebeln und Paprika hinzufügen.
3 Eiernudeln auf vier Schüsseln verteilen. Gemüsesuppe über den Nudeln verteilen. Mit Röstzwiebeln bestreuen und Chilisauce dazu servieren.

Eiernudel-Zitronengras-Suppe
Soto mie
für 4 Portionen

150 g Eiernudeln (Mie, Seite 20)
100 g Mungbohnensprossen (Seite 19)
2 Lauchzwiebeln
300 g Rettich
2 Stängel Zitronengras (Seite 14)
2 Knoblauchzehen
2 Schalotten
2 rote Chilischoten (Seite 10)
2 EL Pflanzenöl
1 l Gemüsebrühe (siehe Seite 38)
1 TL Kurkumapulver (Seite 10)
Salz
Pfeffer, frisch gemahlen
1 EL Limettensaft
2 EL helle Röstzwiebeln (siehe Tipp)

1 Nudeln nach Packungsanweisung zubereiten und abtropfen lassen. Mungbohnensprossen waschen, ebenfalls abtropfen lassen. Lauchzwiebeln putzen, waschen und in dünne Ringe schneiden. Rettich waschen, schälen und in Scheiben schneiden. Zitronengras waschen, zuerst längs, danach quer halbieren und mit einem breiten Messer anquetschen. Knoblauch und Schalotten schälen und feinhacken. Chilis waschen und am Stück lassen.

2 Öl in einem Topf erhitzen. Knoblauch und Schalotten darin anbraten. Mit Gemüsebrühe ablöschen und aufkochen. Rettich, Zitronengras, Chilis und Kurkuma hinzufügen, etwa zehn Minuten kochen. Mit Salz, Pfeffer und Limettensaft abschmecken.

3 Nudeln und Mungbohnensprossen auf vier Schüsseln verteilen. Mit der Brühe übergießen, Rettichscheiben aufteilen. Lauchzwiebelringe und Röstzwiebeln darüber streuen. Nach Belieben die gegarten Chilis dazu servieren (siehe Abbildung rechts).

Tipp Helle Röstzwiebeln gibt es in jedem Asialaden, ebenso wie getrockneten, blättrig geschnittenen Knoblauch. Diese Röstzwiebeln sind nicht mit den bei uns üblichen dunklen Fertigröstzwiebeln zu vergleichen, denn sie sind meist feiner und heller. Sie lassen sich ganz einfach herstellen:

Röstzwiebeln – *Bawang goreng*
100 g asiatische rote Schalotten (ersatzweise Schalotten) schälen und feinhobeln. In wenig Mehl wälzen und das überschüssige Mehl vorsichtig in einem großen Sieb abklopfen. In heißem Kokos- oder Erdnussöl goldbraun knusprig frittieren. Auf Küchenpapier abtropfen und erkalten lassen. Luftdicht verschlossen halten sie einige Tage. Normale Küchenzwiebeln enthalten zu viel Wasser und sind daher für diese Art von Röstzwiebeln nicht geeignet.

Mungbohnensuppe
Sup kacang hijau
für 4 Portionen

150 g Mungbohnen (Trockenware)
2 Stängel Zitronengras
1 Stück Ingwer (Seite 11; ca. 5 cm)
400 ml Kokosmilch
1 l Gemüsebrühe (siehe Seite 38)
3 Salamblätter (Seite 14)
250 g Möhren
2 Stangen Lauch
Salz
Pfeffer, frisch gemahlen
2 Stängel glattblättrige Petersilie

1 Mungbohnen mit Wasser begießen, bis sie zwei fingerbreit davon bedeckt sind. Hülsenfrüchte darin über Nacht einweichen.
2 Zitronengras waschen, längs und anschließend quer halbieren. Mit einem breiten Messer anquetschen. Ingwer schälen und in dünne Scheiben schneiden.
3 Kokosmilch, Gemüsebrühe, Zitronengras, Ingwer, Salamblätter und abgegossene Mungbohnen in einen Topf geben. Etwa 30 Minuten bei niedriger Hitze köcheln lassen.
4 Möhren und Lauch putzen und waschen. Möhren hobeln, Lauch in dünne Scheiben schneiden. Beides zur Suppe geben, mit Salz und Pfeffer abschmecken. Weitere zehn Minuten darin garen lassen. Salamblätter aus dem Topf entfernen. Petersilie waschen, Blätter grobhacken und die Suppe damit garnieren (siehe Abbildung links).

Gemüsesuppe mit Kokosmilch
Sayur lodeh
für 4 Portionen

1 Chayote (Seite 16; ersatzweise Kohlrabi)
200 g fester Tofu (Seite 22)
250 g junges, helles Jackfruchtfleisch (Seite 17; aus der Dose – nicht in Zuckersirup eingelegt)
300 g Auberginen
3 grüne lange Gewürzpaprika (Seite 13)
250 g Spargelbohnen (Seite 19; ersatzweise grüne Bohnen)
1 Stück Galgant (Seite 10; ca. 5 cm)
2 Schalotten
2 Knoblauchzehen
400 ml Kokosmilch
¾ l Wasser
3 Salamblätter (Seite 14)
1 TL Korianderpulver (Seite 12)
Salz
Pfeffer, frisch gemahlen

1 Chayote waschen, dünn abschälen und in Würfel schneiden. Tofu kleinwürfeln. Jackfruchtfleisch ebenfalls würfeln. Auberginen putzen, waschen und in Stücke schneiden. Gewürzpaprika putzen, waschen und in Ringe schneiden. Bohnen putzen, waschen und in mundgerechte Stücke schneiden. Galgant waschen und in dünne Scheiben schneiden.
2 Schalotten und Knoblauch schälen. Beides im Mörser fein zerdrücken. Mit Kokosmilch, Wasser, Salamblättern, Gewürzpaprika, Koriander und Galgant in einem Topf aufkochen. Vorbereitetes Gemüse dazugeben und etwa 20 Minuten köcheln. Salamblätter entfernen, Tofuwürfel noch fünf Minuten im Gemüse erhitzen. Mit Salz und Pfeffer abschmecken.

Scharfe Tofusuppe

Sup tahu dan cabe

für 4 Portionen

400 g fester Tofu (Seite 22)
250 g Möhren
250 g Spargelbohnen (Seite 19; ersatzweise grüne Bohnen)
2 rote Chilischoten (Seite 10)
2 rote lange Gewürzpaprika (Seite 13)
3 Stängel Zitronengras (Seite 14)
1 Stück Ingwer (Seite 11; ca. 5 cm)
2 Knoblauchzehen
2 Schalotten
2 EL Pflanzenöl
400 ml Kokosmilch
¾ l Gemüsebrühe (siehe Seite 38)
Salz
Pfeffer, frisch gemahlen

1 Tofu in ca. 2 cm große Würfel schneiden. Möhren putzen, waschen und in Scheiben hobeln. Bohnen putzen, waschen und in mundgerechte Stücke schneiden. Chili und Paprika waschen, putzen, entkernen und in schmale Scheiben bzw. Streifen schneiden. Zitronengras waschen, zuerst längs, danach quer halbieren und mit einem breiten Messer anquetschen. Ingwer schälen und in dünne Scheiben schneiden. Knoblauch und Schalotten schälen und feinhacken.

2 Öl in einem Topf erhitzen. Knoblauch und Schalotten darin anbraten. Möhren und grüne Bohnen dazugeben und mitbraten. Mit Kokosmilch und Gemüsebrühe ablöschen. Zitronengras und Ingwer dazugeben. Mit Salz und Pfeffer abschmecken. Suppe aufkochen und etwa fünf Minuten köcheln lassen. Tofuwürfel, Chili und Paprika hinzufügen und in ungefähr zehn Minuten fertigkochen.

CHILIPASTEN

Sambal steht, ähnlich wie bei uns Salz und Pfeffer, auf jedem Esstisch eines indonesischen Haushalts. Ein Essen ohne die vielfältigen Chilipasten ist dort heute undenkbar, obwohl die Basiszutaten erst im 16. Jahrhundert durch portugiesische Seefahrer eingeführt wurden.

Je nachdem, welche Speisen serviert werden, wird Sambal entsprechend angepasst. Die Basis bilden immer Gewürzpaprika und Chilischoten. Die Geschmacksvariationen reichen von Ingwer, Galgant und Knoblauch über Tomaten – ebenfalls ursprünglich aus der Neuen Welt – bis hin zu Limetten.

Chilipaste Grundrezept
Sambal oelek

3 rote Chilischoten (Seite 10)
100 g rote lange Gewürzpaprika (Seite 13)
1 Knoblauchzehe
2 Schalotten
Salz
1 TL Palmzucker (Seite 21), feingehackt

1 Chilischoten und Gewürzpaprika waschen, putzen und in grobe Stücke schneiden. Knoblauch und Schalotten schälen und hacken.
2 Alle Zutaten mit ½ TL Salz und Palmzucker im Mörser zerkleinern, zuletzt mit Salz abschmecken.

Tipp Sambal wird original im Mörser zubereitet und jeder indonesische Haushalt besitzt mindestens einen. Damit werden die Zutaten zerkleinert und miteinander vermischt, weisen aber noch eine leicht stückige Konsistenz auf. Bei der Zubereitung in einem Mixer (auf Intervallschaltung) oder mit einem Pürierstab darauf achten, dass kein Mus entsteht.

Grüne Chilipaste
Sambal hijau

2 grüne Chilischoten (Seite 10)
100 g grüne lange Gewürzpaprika (Seite 13)
1 Knoblauchzehe
2 Schalotten
Salz
1 grüne Tomate
3 EL Pflanzenöl
1 TL brauner Zucker
1 TL Zitronensaft

1 Chilischoten und Gewürzpaprika waschen, putzen und in grobe Stücke schneiden, Knoblauch und Schalotten schälen und hacken. Diese Zutaten mit ½ TL Salz mit einem Pürierstab vorsichtig zerkleinern; sie dürfen nicht musig werden (siehe Tipp links). Tomate waschen und den Stielansatz herausschneiden. Tomate feinhacken.
2 Öl in einem kleinen Topf erhitzen. Chilipaste und Tomate darin etwa fünf Minuten anbraten. Mit Salz, Zucker und Zitronensaft abschmecken.

siehe Abbildung (2), rechts

1
2
3

Chilipaste mit Lichtnüssen
Sambal kemiri

2 rote Chilischoten (Seite 10)
100 g rote lange Gewürzpaprika (Seite 13)
1 Knoblauchzehe
2 Schalotten
6 Lichtnüsse (Seite 21)
Salz
3 EL Pflanzenöl
1 TL Palmzucker (Seite 21), feingehackt

1 Chilischoten und Gewürzpaprika waschen, putzen und in grobe Stücke schneiden. Knoblauch und Schalotten schälen und hacken. Alle Zutaten ohne Öl mit den Lichtnüssen und ½ TL Salz mit einem Pürierstab vorsichtig zerkleinern (siehe Tipp, Seite 52).
2 Öl in einem kleinen Topf erhitzen. Chilipaste darin etwa fünf Minuten unter Rühren anbraten. Mit Salz und Palmzucker abschmecken.

Chili-Ingwer-Paste
Sambal jahe

2 rote Chilischoten (Seite 10)
100 g rote lange Gewürzpaprika (Seite 13)
1 Knoblauchzehe
2 Schalotten
Salz
40 g Ingwer (Seite 11)
3 EL Pflanzenöl
1 TL Palmzucker (Seite 21), feingehackt

1 Chilischoten und Gewürzpaprika putzen, waschen und in grobe Stücke schneiden. Knoblauch und Schalotten schälen und hacken. Alle Zutaten mit ½ TL Salz mit einem Pürierstab vorsichtig zerkleinern (siehe Tipp, Seite 52). Ingwer schälen und feinreiben.
2 Öl in einem kleinen Topf erhitzen. Chilipaste und Ingwer darin etwa fünf Minuten unter Rühren anbraten. Mit Salz und Palmzucker abschmecken.

Chilipaste mit Erdnüssen
Sambal kacang

2 Chilischoten (Seite 10)
2 rote lange Gewürzpaprika (Seite 13)
1 Knoblauchzehe
2 Schalotten
50 g Erdnüsse
2 EL Pflanzenöl
100 ml Wasser
1 EL Zitronensaft
Salz
1 TL Palmzucker (Seite 21), feingehackt

1 Chilischoten und Gewürzpaprika waschen und putzen. Knoblauch und Schalotten schälen. Alle vier Zutaten sehr feinhacken. Erdnüsse im Mörser fein zermahlen.
2 Öl in einem Topf erhitzen. Chilimischung darin etwa zwei Minuten anbraten. Erdnüsse dazugeben, Wasser angießen und aufkochen. Mit Zitronensaft, Salz und Palmzucker abschmecken.

Chilipaste mit süßer Sojasauce
Sambal kecap

je 2 rote und grüne Chilischoten (Seite 10)
1 Schalotte
50 ml süße Sojasauce (Kecap manis, Seite 22)
1 TL Limettensaft
1 EL helle Röstzwiebeln (siehe Seite 44)

Chilischoten waschen, putzen und in feine Scheiben schneiden. Schalotte schälen und feinwürfeln. Beides mit Sojasauce und Limettensaft verrühren. Mit Röstzwiebeln bestreuen.

Gebratene Chilipaste
Sambal bajak

2 rote Chilischoten (Seite 10)
100 g rote lange Gewürzpaprika (Seite 13)
2 Knoblauchzehen
2 Schalotten
Salz
2–3 EL Tamarindenmark (Seite 14)
1 Tomate
3–4 Lichtnüsse (Seite 21)
3 EL Pflanzenöl
1–2 EL Galgantpulver (Seite 10)
1 Salamblatt (Seite 14)
1 TL Palmzucker (Seite 21), feingehackt

siehe Abbildung (3), *Seite 53*

1 Chilischoten und Gewürzpaprika putzen, waschen und in grobe Stücke schneiden. Knoblauch und Schalotten schälen und hacken. Diese vier Zutaten mit ½ TL Salz mit einem Pürierstab vorsichtig zerkleinern. Tamarindenmark in etwas heißem Wasser einweichen. Tomate waschen und den Stielansatz herausschneiden. Tomate grobhacken. Lichtnüsse im Mörser fein zerkleinern.
2 Öl in einem kleinen Topf erhitzen. Chilipaste etwa zwei Minuten darin anbraten. Durchgesiebte Tamarinde, Galgant, Tomate, Lichtnüsse und Salamblatt dazugeben und etwa fünf Minuten unter Rühren köcheln. Salamblatt entfernen, mit Salz und Palmzucker abschmecken.

Tipp Statt Tamarindenmark und Galgantpulver lässt sich das Rezept auch mit einem Stängel Zitronengras und frischem, in Scheiben geschnittenem Galgant (ca. 3 cm) zubereiten. Zitronengras wie üblich verarbeiten (siehe Seite 49). Beides mit der Chilipaste im Topf anbraten und zum Schluss wieder entfernen.

Chili-Tomaten-Paste
Sambal tomat

2 rote Chilischoten (Seite 10)
100 g rote lange Gewürzpaprika (Seite 13)
1 Knoblauchzehe
2 Schalotten
Salz
2 Tomaten
3 EL Pflanzenöl
1 EL Limettensaft
1 TL Palmzucker (Seite 21), feingehackt
½ Bund Koriander (Seite 12)

1 Chilischoten und Gewürzpaprika putzen, waschen und in grobe Stücke schneiden. Knoblauch und Schalotten schälen und hacken. Alle Zutaten mit ½ TL Salz mit einem Pürierstab zerkleinern. Tomaten waschen und die Stielansätze herausschneiden. Tomaten grobhacken.
2 Öl in einem kleinen Topf erhitzen. Chilipaste darin etwa zwei Minuten anbraten. Tomaten dazugeben und etwa fünf Minuten unter Rühren köcheln. Mit Salz, Limettensaft und Palmzucker abschmecken. Koriander waschen, Blättchen abzupfen und hacken, zum Schluss unter die Chilipaste rühren.

siehe Abbildung (1), Seite 53

Schalotten-Chili-Paste
Sambal mentah

1 rote Chilischote (Seite 10)
2 rote lange Gewürzpaprika (Seite 13)
1 Knoblauchzehe
3 Schalotten
2 Tomaten
1 EL Limettensaft
Salz
1 TL brauner Zucker

1 Chilischote und Gewürzpaprika waschen, putzen, bei Bedarf die Kerne entfernen. Knoblauch und Schalotten schälen. Diese Zutaten feinhacken.
2 Tomaten waschen und die Stielansätze herausschneiden. Tomaten vierteln, entkernen und das Fruchtfleisch in kleine Würfel schneiden.
3 Alles vermischen und mit Limettensaft, Salz und Zucker abschmecken.

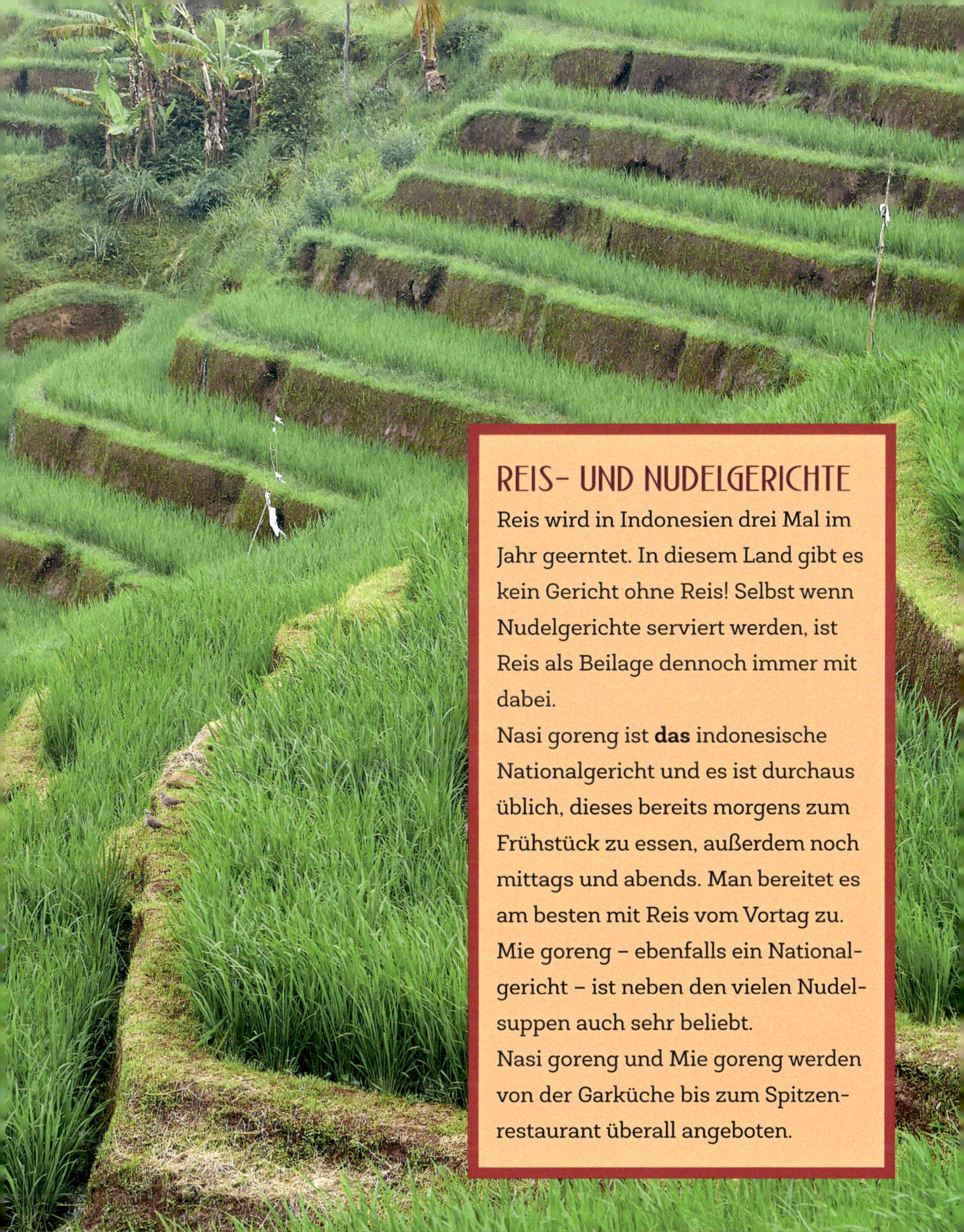

REIS- UND NUDELGERICHTE

Reis wird in Indonesien drei Mal im Jahr geerntet. In diesem Land gibt es kein Gericht ohne Reis! Selbst wenn Nudelgerichte serviert werden, ist Reis als Beilage dennoch immer mit dabei.

Nasi goreng ist **das** indonesische Nationalgericht und es ist durchaus üblich, dieses bereits morgens zum Frühstück zu essen, außerdem noch mittags und abends. Man bereitet es am besten mit Reis vom Vortag zu.

Mie goreng – ebenfalls ein Nationalgericht – ist neben den vielen Nudelsuppen auch sehr beliebt.

Nasi goreng und Mie goreng werden von der Garküche bis zum Spitzenrestaurant überall angeboten.

Gebratene Reisnudeln mit Schnittknoblauch

Bihun goreng kucai

für 4 Portionen

250 g Reisnudeln (Seite 20)
250 g Mungbohnensprossen (Seite 19)
200 g Schnittknoblauch
2 Schalotten
2 Knoblauchzehen
2 rote lange Gewürzpaprika (Seite 13)
3 EL Pflanzenöl
3 EL süße Sojasauce (Kecap manis, Seite 22)
2 EL salzige Sojasauce (Kecap asin, Seite 22)
Salz
Pfeffer, frisch gemahlen

Reisnudeln nach Packungsanweisung zubereiten und gut abtropfen lassen. Mungbohnensprossen waschen und abtropfen lassen. Schnittknoblauch waschen, welke Teile abschneiden und aussortieren. Schnittknoblauch in 4 cm lange Streifen schneiden. Schalotten und Knoblauch schälen und in Scheiben schneiden. Gewürzpaprika waschen, putzen und in Ringe schneiden.

1 Öl in einer Pfanne erhitzen. Knoblauch und Schalotten darin anbraten. Gewürzpaprika, Schnittknoblauch und Reisnudeln dazugeben und unter Rühren etwa fünf Minuten weiterbraten. Mungbohnensprossen untermischen und mit Sojasaucen, Salz und Pfeffer abschmecken.

Gebratener Reis

Nasi goreng

für 4 Portionen

2 Eier
Salz
Pfeffer, frisch gemahlen
3 EL Pflanzenöl
3 rote lange Gewürzpaprika (Seite 13)
3 Lauchzwiebeln
3 Knoblauchzehen
2 Schalotten
800 g Langkornreis, gekocht (vom Vortag)
200 g TK-Erbsen (aufgetaut)
4 EL süße Sojasauce (Kecap manis, Seite 22)
2 EL salzige Sojasauce (Kecap asin, Seite 22)
2 EL Sesamöl
2 EL helle Röstzwiebeln (siehe Seite 44)

1 Eier schaumig rühren, salzen und pfeffern. 1 EL Öl in einer beschichteten Pfanne erhitzen. Eier hineingießen, unter Schwenken darin verteilen und ein Rührei daraus backen. Aus der Pfanne nehmen und beiseitestellen.

2 Gewürzpaprika waschen, putzen und in Ringe schneiden. Lauchzwiebeln putzen, waschen und ebenfalls in Ringe schneiden. Knoblauch und Schalotten schälen und feinhacken.

3 Restliches Öl in einer Pfanne erhitzen. Knoblauch und Schalotten darin anbraten. Gewürzpaprika, Lauchzwiebeln, Reis und Erbsen untermischen. Unter Rühren etwa fünf Minuten braten. Mit süßer und salziger Sojasauce, Sesamöl und Pfeffer abschmecken. Das Rührei untermischen und mit Röstzwiebeln bestreuen (siehe Abbildung rechts). Dazu Sambal nach Wahl (ab Seite 52 ff.) servieren.

Kokosreis mit Kurkuma

Nasi kuning

für 4 Portionen

400 g Jasminreis
2 Stängel Zitronengras (Seite 14)
1 Stück Galgant (Seite 10; ca. 5 cm)
2 Knoblauchzehen
2 Schalotten
4 EL Pflanzenöl
200 ml Kokosmilch
600 ml Gemüsebrühe (siehe Seite 38)
3 Salamblätter (Seite 14)
2 TL Kurkumapulver (Seite 10)
Salz
2 Eier
Pfeffer, frisch gemahlen
1 rote lange, scharfe Gewürzpaprika (Seite 13)
½ Bio-Salatgurke
4 EL helle Röstzwiebeln (siehe Seite 44)

1 Reis in einem feinen Sieb mit kaltem Wasser so lange waschen, bis die Flüssigkeit klar bleibt. Reis gut abtropfen lassen. Zitronengras waschen, zuerst längs, danach quer halbieren und mit einem breiten Messer anquetschen. Galgant waschen und in Scheiben schneiden. Knoblauch und Schalotten schälen und feinhacken.

2 3 EL Öl in einem Topf erhitzen. Knoblauch und Schalotten darin anbraten. Kokosmilch, Gemüsebrühe, Zitronengras, Galgant, Salamblätter, Kurkuma und 1 TL Salz dazugeben und aufkochen. Reis hinzufügen, Deckel auflegen und bei niedriger Hitze so lange garen, bis die Flüssigkeit verkocht ist. Dann den Herd ausschalten und zugedeckt weitere 15 Minuten quellen lassen. Anschließend die Salamblätter entfernen.

3 Eier schaumig rühren, salzen und pfeffern. Restliches Öl in einer beschichteten Pfanne (Ø 26 cm) erhitzen. Die Eier hineingießen, gleichmäßig darin verteilen und ein Omelett backen. Das Omelett aus der Pfanne auf einen Teller gleiten und etwas abkühlen lassen.

4 Gewürzpaprika und Salatgurke waschen, putzen und in Ringe bzw. Scheiben schneiden. Omelett aufrollen und in Scheiben schneiden. Reis mit Omelettstreifen, Salatgurke, Gewürzpaprika und Röstzwiebeln anrichten (siehe Abbildung links). Dazu Sambal nach Wahl (ab Seite 52 ff.) servieren.

Im Bananenblatt gegarter Reis mit Tofu und Erdnusssauce

Kupat tahu

für 4 Portionen

300 g Jasminreis
450 ml Wasser
4 frische Bananenblätter (ca. 25 × 25 cm)
8 Zahnstocher
250 g Mungbohnensprossen (Seite 19)
400 g fester Tofu (Seite 22)
Kokos- oder Erdnussöl zum Frittieren

Erdnusssauce

1 TL Tamarindenmark (Seite 14)
2 EL heißes Wasser
2 Chilischoten
2 Knoblauchzehen
2 EL Pflanzenöl
175 g Erdnussbutter (Seite 21)
200 ml Wasser
1 TL Palmzucker (Seite 21), feingehackt
Salz

süße Sojasauce (Kecap manis, Seite 22)
nach Geschmack: helle Röstzwiebeln (siehe Seite 44)
vegetarisches Krupuk (Seite 23)

1 Reis in einem feinen Sieb mit kaltem Wasser so lange waschen, bis die Flüssigkeit klar bleibt. Reis gut abtropfen lassen. Dann mit Wasser in einen Topf geben, Deckel auflegen und bei niedriger Hitze vorgaren, bis die Flüssigkeit verkocht ist.

2 Bananenblätter waschen und abtrocknen. Reis auf die vier Blätter verteilen und jeweils eine Rolle formen. Die Enden mit Zahnstochern feststecken. In einen Topf legen, mit kochendem Wasser begießen, bis sie zwei fingerbreit davon bedeckt sind. Dann die gefüllten Bananenblattrollen etwa eine Stunde bei aufgelegtem Deckel köcheln lassen.

3 Mungbohnensprossen waschen und in kochendem Wasser etwa eine Minute blanchieren, abtropfen lassen. Tofu in dicke Scheiben schneiden und in heißem Öl goldbraun frittieren. Auf Küchenpapier abtropfen lassen.

4 Für die Erdnusssauce Tamarinde im heißen Wasser etwa zehn Minuten ziehen lassen. Chilischoten waschen und feinhacken. Knob-lauch schälen und feinhacken. Öl in einem Topf erhitzen und Knob-lauch darin anbraten. Erdnussbutter und Wasser dazugeben, glattrühren und aufkochen. Mit durchgesiebter Tamarinde und ihrem Einweichwasser, Palmzucker, Chili und Salz abschmecken.

5 Tofuscheiben in Streifen schneiden. Reis aus dem Bananenblatt lösen und in Scheiben schneiden. Tofu, Mungbohnensprossen und Erdnusssauce darauf verteilen. Mit Sojasauce, Röstzwiebeln und Krupuk servieren.

Kokosreis mit Tempeh und Tofu

Nasi uduk

für 4 Portionen

200 g Tempeh (Seite 22)
200 g fester Tofu (Seite 22)
Salz
300 g Jasminreis
2 Stängel Zitronengras (Seite 14)
2 Knoblauchzehen
2 Schalotten
2 EL Pflanzenöl
200 ml Kokosmilch
400 ml Gemüsebrühe (siehe Seite 38)
3 Salamblätter (Seite 14)
1 EL Korianderpulver (Seite 12)
2 Tomaten
4 EL helle Röstzwiebeln (siehe Seite 44)
Kokos- oder Erdnussöl zum Frittieren

1 Tempeh und Tofu in Scheiben schneiden und getrennt in kaltes Salzwasser legen. Reis in einem feinen Sieb mit kaltem Wasser so lange waschen, bis die Flüssigkeit klar bleibt. Reis gut abtropfen lassen. Zitronengras waschen, zuerst längs, danach quer halbieren und mit einem breiten Messer anquetschen. Knoblauch und Schalotten schälen und feinhacken.

2 Öl in einem Topf erhitzen. Knoblauch und Schalotten darin anbraten. Kokosmilch, Gemüsebrühe, Zitronengras, Salamblätter, Koriander und 1 TL Salz dazugeben und aufkochen. Reis hinzufügen, Deckel auflegen und bei niedriger Hitze so lange garen, bis die Flüssigkeit verkocht ist. Dann den Herd ausschalten und zugedeckt weitere 15 Minuten quellen lassen. Salamblätter entfernen.

3 Tempeh und Tofu mit Küchenpapier trockentupfen und in heißem Öl goldbraun frittieren. Tomaten waschen und die Stielansätze herausschneiden. Tomaten in Scheiben schneiden. Röstzwiebeln über den Reis geben und mit Tomaten, Tofu- und Tempehscheiben auf Tellern anrichten. Dazu Sambal nach Wahl (ab Seite 52 ff.) und vegetarisches Krupuk (Seite 23) servieren.

Gewürzreis mit Tempehwürfeln

Nasi tutug tempe

für 4 Portionen

300 g Tempeh (Seite 22)
4 EL Pflanzenöl
Salz
300 g Jasminreis
2 Stängel Zitronengras (Seite 14)
1 Stück Galgant (Seite 10; ca. 3 cm)
2 Knoblauchzehen
2 Schalotten
200 ml Kokosmilch
400 ml Gemüsebrühe (siehe Seite 38)
3 Salamblätter (Seite 14)
1–2 rote Chilischoten (Seite 10)
½ Bio-Salatgurke
4 EL helle Röstzwiebeln (siehe Seite 44)

1 Tempeh in kleine Würfel schneiden. 2 EL Öl in einer Pfanne erhitzen. Tempeh darin unter Rühren braten, eine Prise Salz darübergeben und beiseitestellen.

2 Reis in einem feinen Sieb mit kaltem Wasser so lange spülen, bis die Flüssigkeit klar bleibt. Reis gut abtropfen lassen. Zitronengras waschen, zuerst längs, danach quer halbieren und mit einem breiten Messer anquetschen. Galgant waschen und in Scheiben schneiden. Knoblauch und Schalotten schälen und feinhacken.

3 Restliches Öl in einem Topf erhitzen. Knoblauch und Schalotten darin anbraten. Kokosmilch, Gemüsebrühe, Zitronengras, Galgant, Salamblätter und 1 TL Salz dazugeben und aufkochen. Reis hinzufügen, Deckel auflegen und bei niedriger Hitze so lange garen, bis die Flüssigkeit verkocht ist. Dann den Herd ausschalten und zugedeckt weitere 15 Minuten quellen lassen. Salamblätter entfernen.

4 Chili und Salatgurke waschen, putzen und in Ringe bzw. Scheiben schneiden. Tempehwürfel unter den Reis mischen. Mit Salatgurke, Chili und Röstzwiebeln anrichten. Dazu Sambal nach Wahl (ab Seite 52 ff.) servieren.

Gebratene Nudeln
Mie goreng
für 4 Portionen

200 g Eiernudeln (Mie, Seite 20)
150 g Zuckerschoten
3 Lauchzwiebeln
2 rote lange Gewürzpaprika (Seite 13)
250 g Pak Choi
200 g Möhren
200 g Mungbohnensprossen (Seite 19)
2 Knoblauchzehen
2 Schalotten
3 EL Pflanzenöl
4 EL süße Sojasauce (Kecap manis, Seite 22)
2 EL Sesamöl
Salz
Pfeffer, frisch gemahlen

1 Mie nach Packungsanweisung zubereiten und gut abtropfen lassen.
Zuckerschoten waschen und putzen. Lauchzwiebeln waschen, putzen und in Ringe schneiden. Gewürzpaprika waschen, putzen und in dünne Ringe schneiden. Pak Choi putzen, waschen und in Stücke schneiden. Möhren schälen und in dünne Scheiben hobeln. Mungbohnensprossen waschen und abtropfen lassen. Knoblauch und Schalotten schälen und feinhacken.
2 Öl in einer großen Pfanne erhitzen. Knoblauch und Schalotten darin anbraten. Zuckerschoten, Lauchzwiebeln, Gewürzpaprika, Pak Choi und Möhren dazugeben und etwa drei Minuten mitbraten. Eiernudeln und Mungbohnensprossen hinzufügen und unter ständigem Rühren so lange weiterbraten, bis alle Gemüse noch Biss haben. Mit Sojasauce, Sesamöl, Salz und Pfeffer abschmecken (siehe Abbildung rechts).

Gebratene Glasnudeln mit Tempeh

Soun goreng tempe cabe hijau

für 4 Portionen

300 g Glasnudeln (Seite 20)
300 g Tempeh (Seite 22)
Kokos- oder Erdnussöl zum Frittieren
3 Lauchzwiebeln
3 grüne lange Gewürzpaprika (Seite 13)
3 Knoblauchzehen
2 Schalotten
3 EL Pflanzenöl
4 EL süße Sojasauce (Kecap manis, Seite 22)
Salz
Pfeffer, frisch gemahlen

1 Glasnudeln in kaltem Wasser einweichen, bis sie durchsichtig geworden sind. Tempeh in Streifen schneiden. Öl in einem Topf erhitzen. Tempeh in heißem Öl goldbraun frittieren. Auf Küchenpapier abtropfen lassen.
2 Lauchzwiebeln waschen, putzen und in Ringe schneiden. Gewürzpaprika waschen, putzen und in dünne Ringe schneiden. Knoblauch und Schalotten schälen und in feine Scheiben schneiden.
3 Öl in einer großen Pfanne erhitzen. Knoblauch und Schalotten darin anbraten. Gut abgetropfte Glasnudeln, Lauchzwiebeln und Gewürzpaprika dazugeben und unter Rühren etwa fünf Minuten braten. Tempehstreifen zum Schluss dazugeben und erhitzen. Mit Sojasauce, Salz und Pfeffer abschmecken (siehe Abbildung links).

SALON CAHAYA

HAUPTGERICHTE

Eine Standardmahlzeit besteht in Indonesien aus Reis mit einem Hauptgericht oder einer Suppe, dazu wird Sambal nach Wahl serviert. Vier bis fünf Hauptgerichte mit Beilagenreis ergeben bereits eine kleine Reistafel.

Auberginen-Chili-Gemüse

Balado terung

für 4 Portionen

800 g Auberginen
Salz
Pflanzenöl zum Braten
8 rote lange Gewürzpaprika (Seite 13)
2 Knoblauchzehen
4 Schalotten
2 Tomaten
3 Zwiebeln
3 EL Pflanzenöl
1 TL Palmzucker (Seite 21), feingehackt
frisches Koriandergrün (Seite 12)

1 Auberginen putzen, waschen und längs in 2 mm dicke Scheiben schneiden. Jeweils mit einer Prise Salz bestreuen. Scheiben portionsweise in einer Pfanne mit wenig Öl goldbraun braten und auf Küchenpapier abtropfen lassen.
2 Gewürzpaprika waschen, putzen und grob schneiden. Knoblauch und Schalotten schälen und grobhacken. Alle drei Zutaten mit einem Pürierstab zerkleinern. Tomaten waschen und die Stielansätze herausschneiden. Danach Tomaten grobhacken. Zwiebeln schälen und in Streifen schneiden.
3 Öl in einer Pfanne erhitzen. Gewürzpaste und Zwiebeln darin anbraten. Tomaten hinzufügen, mit Salz und Palmzucker abschmecken. Auberginen dazugeben und ca. 20 Minuten bei niedriger Hitze garen. Mit etwas frischem Koriander servieren (siehe Abbildung links).

Bohnen-Kokosnuss-Salat

Lawar

für 4 Portionen

4 Knoblauchzehen, 4 Schalotten
2 rote Chilischoten
6 Lichtnüsse (Seite 21)
4 EL Pflanzenöl
500 g Spargelbohnen (Seite 19; ersatzweise grüne Bohnen)
300 g Chayote (Seite 16; ersatzweise Kohlrabi)
Salz
200 g frisches Kokosnussfleisch
2 rote lange Gewürzpaprika (Seite 13)
brauner Zucker, nach Geschmack
3–4 EL Limettensaft

1 Je zwei Knoblauchzehen und Schalotten schälen. Chilis waschen, putzen und grobhacken. Knoblauch, Schalotten, Chilis und Lichtnüsse im Mixer pürieren. 2 EL Öl in einer Pfanne erhitzen. Gewürzpaste darin anbraten und beiseitestellen.
2 Restliche Knoblauchzehen und Schalotten schälen und in Scheiben schneiden. Restliches Öl in einer Pfanne erhitzen, Schalotten und Knoblauch darin goldgelb anbraten. Aus der Pfanne nehmen und beiseitestellen.
3 Spargelbohnen putzen, waschen und in 1 cm lange Stücke schneiden. Chayote schälen und in Stifte schneiden. Beides in kochendem Salzwasser etwa fünf Minuten blanchieren und abtropfen lassen.
4 Kokosnuss reiben und ohne Fett in einer Pfanne goldgelb rösten, bis die Kokosspäne duften. Gewürzpaprika waschen, putzen und in Ringe schneiden. Alle vorbereiteten Zutaten behutsam vermischen. Mit Salz, braunem Zucker und Limettensaft abschmecken.

Gebratener Pak Choi mit Shiitake

Tumis sawi jamur

für 4 Portionen

750 g Pak Choi
2 rote Chilischoten (Seite 10)
250 g frische Shiitake
2 Zwiebeln
3 Knoblauchzehen
3 EL Pflanzenöl
salzige Sojasauce (Kecap asin, Seite 22), nach Geschmack
Pfeffer, frisch gemahlen

1 Pak Choi putzen, waschen und kleinschneiden. Chilischoten waschen, putzen und in Ringe schneiden. Shiitake mit Küchenpapier trocken abreiben, harte Stiele entfernen. Shiitakehüte in Scheiben schneiden. Zwiebeln schälen und in Streifen schneiden. Knoblauch schälen und feinhacken.
2 Öl in einem Wok erhitzen. Knoblauch und Zwiebeln darin anbraten. Pak Choi, Shiitake und Chilis dazugeben und nur so lange garen, dass das Gemüse noch Biss hat. Mit Sojasauce und Pfeffer abschmecken.

Zuckerschoten mit frittierten Tofuwürfeln

Tumis tahu dan kapri

für 4 Portionen

400 g fester Tofu (Seite 22)
Kokos- oder Erdnussöl zum Frittieren
200 g Zuckerschoten
250 g Mungbohnensprossen (Seite 19)
3 Knoblauchzehen
3 Schalotten
3 EL Pflanzenöl
salzige Sojasauce (Kecap asin, Seite 22), nach Geschmack
Pfeffer, frisch gemahlen

1 Tofu in kleine Würfel schneiden, in heißem Öl goldgelb frittieren und auf Küchenpapier abtropfen lassen.
2 Zuckerschoten putzen und waschen. Mungbohnensprossen waschen und abtropfen lassen. Knoblauch und Schalotten schälen und in Scheiben schneiden.
3 Öl in einem Wok erhitzen. Knoblauch und Schalotten unter Rühren darin glasig anbraten. Zuckerschoten dazugeben und etwa drei Minuten mitbraten. Mungbohnensprossen und Tofu unterrühren. Mit Sojasauce und Pfeffer abschmecken.

MONSTER

Gemüse in Kurkumasauce
Acar kuning
für 4 Portionen

1 kleine Bio-Salatgurke
250 g grüne Bohnen
250 g Möhren
2 Knoblauchzehen
2 Schalotten
3 rote lange Gewürzpaprika (Seite 13)
1 Stück Galgant (Seite 10; ca. 5 cm)
5 Lichtnüsse (Seite 21)
3 EL Pflanzenöl
1 EL Kurkumapulver (Seite 10)
2 Salamblätter (Seite 14)
200 ml Wasser
Salz
1 EL Palmzucker (Seite 21), feingehackt
Essig, nach Geschmack

1 Salatgurke waschen, die Enden kappen, längs halbieren, entkernen und in Stücke schneiden. Bohnen putzen, waschen und in 4 cm lange Stücke schneiden. Möhren waschen, putzen und in gleichgroße Stifte wie die Bohnenstücke schneiden.
2 Knoblauch und Schalotten schälen. Gewürzpaprika waschen, putzen und in grobe Stücke schneiden. Knoblauch, Schalotten, Gewürzpaprika, Galgant und Lichtnüsse im Mixer pürieren.
3 Öl in einem Topf erhitzen. Gewürzpaste darin anbraten. Vorbereitetes Gemüse, Kurkuma und Salamblätter dazugeben und kurz mitbraten. Wasser angießen und mit Salz, Palmzucker und Essig abschmecken. Deckel auflegen und etwa zehn Minuten garen (siehe Abbildung links). Salamblätter vor dem Servieren entfernen.

Jackfrucht in Kokosmilch
Gudeg
für 4 Portionen

600 g junges weißes Jackfruchtfleisch (Seite 17; TK oder aus der Dose – nicht in Zuckersirup eingelegt)
1 Stück Galgant (Seite 10; ca. 5 cm)
3 Knoblauchzehen
5 Schalotten
6 Lichtnüsse (Seite 21)
500 ml Wasser
1 EL Korianderpulver (Seite 12)
4 Salamblätter (Seite 14)
400 ml Kokosmilch
Salz
Pfeffer, frisch gemahlen
400 g fester Tofu (Seite 22)
4 Eier, hart gekocht

1 Jackfrucht in grobe Würfel schneiden. Galgant waschen und in dünne Scheiben schneiden. Knoblauchzehen sowie Schalotten schälen und kleinschneiden. Beides mit Lichtnüssen mit einem Pürierstab zerkleinern.
2 Wasser, Gewürzpaste, Koriander, Galgant und Salamblätter in einen Topf geben und aufkochen.Jackfrucht und Kokosmilch hinzufügen und ca. 30 Minuten kochen. Mit Salz und Pfeffer abschmecken.
3 Tofu in dicke Scheiben schneiden. Eier pellen. Beides zum Gemüse geben und weitere 30 Minuten bei niedriger Hitze köcheln lassen. Salamblätter vor dem Servieren entfernen.

Gemüse mit Erdnusssauce

Gado gado

für 4 Portionen

200 g Spargelbohnen (Seite 19; ersatzweise grüne Bohnen)
250 g Weißkohl
250 g Wasserspinat (Seite 19)
200 g Mungbohnensprossen (Seite 19)
Salz
400 g fester Tofu (Seite 22)
Kokos- oder Erdnussöl zum Frittieren
4 Eier, hart gekocht

Erdnusssauce

1 Chilischote (Seite 10)
2 Knoblauchzehen
2 Schalotten
2 EL Pflanzenöl
150 g Erdnussbutter (Seite 21)
100 ml Kokosmilch
200 ml Wasser
1 EL Zitronensaft
Salz
feiner Palmzucker (Seite 21), nach Geschmack
2 EL helle Röstzwiebeln (siehe Seite 44)
vegetarisches Krupuk (Seite 23)

1 Spargelbohnen putzen, waschen und in 4 cm lange Stücke schneiden. Weißkohl putzen, waschen und in feine Streifen hobeln. Wasserspinat waschen, putzen und in mundgerechte Stücke schneiden. Vorbereitetes Gemüse in kochendem Salzwasser getrennt nacheinander je fünf Minuten garen und gut abtropfen lassen.

2 Mungbohnensprossen waschen und in kochendem Wasser eine Minute blanchieren, gut abtropfen lassen. Tofu in dicke Scheiben schneiden und in heißem Öl goldbraun frittieren. Tofu in Stücke schneiden. Eier pellen und halbieren.

3 Für die Erdnusssauce Chilischote waschen, putzen und feinhacken. Knoblauch und Schalotten schälen und feinhacken. Öl in kleinem Topf erhitzen. Knoblauch und Schalotten darin anbraten. Erdnussbutter, Kokosmilch und Wasser dazugeben, glattrühren und aufkochen. Mit Zitronensaft, Chilischote, Salz und Palmzucker abschmecken.

4 Gemüse, Tofu und Eihälften auf einer Platte anrichten. Die Erdnusssauce darüber verteilen und mit Röstzwiebeln bestreuen. Dazu Krupuk servieren (siehe Abbildung rechts).

Kartoffel-Chili-Gemüse

Sambal goreng kentang

für 4 Portionen

800 g kleine Bio-Kartoffeln (z. B. Drillinge)
Salz
2 Stängel Zitronengras (Seite 14)
1 Stück Ingwer (Seite 11; ca. 5 cm)
1 Stück Galgant (Seite 10; ca. 5 cm)
3 Knoblauchzehen
6 Schalotten
4 rote lange Gewürzpaprika (Seite 13)
2 Chilischoten (Seite 10)
3 EL Pflanzenöl
400 ml Kokosmilch
4 Kaffirlimettenblätter (Seite 11)

1 Kartoffeln waschen, in der Schale etwa 15 Minuten in Wasser kochen, abgießen und beiseitestellen. Zitronengras waschen, zuerst längs, danach quer halbieren und mit einem breiten Messer anquetschen. Ingwer schälen und in dünne Scheiben schneiden. Galgant waschen und in dünne Scheiben schneiden. Knoblauch und Schalotten schälen und grobhacken. Gewürzpaprika und Chilischoten waschen, putzen und in grobe Stücke schneiden. Knoblauch, Schalotten, Gewürzpaprika und Chilis mit einem Pürierstab zerkleinern.

2 Öl in einem Topf erhitzen. Gewürzpaste darin anbraten. Kokosmilch, Zitronengras, Ingwer, Galgant und Kaffirlimettenblätter dazugeben und aufkochen. Mit Salz abschmecken und ungeschälte Kartoffeln dazugeben. Wer die Schale nicht mag, pellt die Kartoffeln vorher. Deckel auflegen und etwa zehn Minuten bei niedriger Hitze weitergaren.

Maniok-Paprika-Gemüse

Balado singkong

für 4 Portionen

2 Chilischoten (Seite 10)
3 Knoblauchzehen
5 Schalotten
600 g Maniok (Seite 17)
Kokos- oder Erdnussöl zum Frittieren
2 rote Gemüsepaprika
3 Lauchzwiebeln
2 Stängel Zitronengras (Seite 14)
5 EL Pflanzenöl
1 EL Kurkumapulver (Seite 10)
1 EL Korianderpulver (Seite 12)
Salz
1 EL Limettensaft
1 TL heller Palmzucker (Seite 21), feingehackt

1 Chilischoten waschen und putzen. Knoblauch und Schalotten schälen. Vorbereitete Zutaten mit einem Pürierstab zerkleinern. Maniok schälen und in Würfel schneiden. In heißem Öl goldgelb frittieren und auf Küchenpapier abtropfen lassen.

2 Paprika waschen, putzen und in Würfel schneiden. Lauchzwiebeln putzen, waschen und kleinschneiden. Zitronengras waschen, zuerst längs, danach quer halbieren und mit einem breiten Messer anquetschen.

3 Öl in einer Pfanne erhitzen. Gewürzpaste darin anbraten. Zitronengras, Kurkuma und Koriander dazugeben und mitbraten. Maniok, Paprika und Lauchzwiebeln hinzufügen, Deckel auflegen und ca. 15 Minuten bei niedriger Hitze köcheln lassen. Dabei immer wieder umrühren, bei Bedarf etwas Wasser zugießen. Mit Salz, Limettensaft und Palmzucker abschmecken.

Tempeh-Eintopf mit Spargelbohnen

Tumis tempe kacang panjang

für 4 Portionen

400 g Tempeh (Seite 22)
300 g Spargelbohnen (Seite 19; ersatzweise grüne Bohnen)
2 rote lange Gewürzpaprika (Seite 13)
2 Zwiebeln
3 Knoblauchzehen
3 EL Pflanzenöl
100 ml Gemüsebrühe (siehe Seite 38)
süße Sojasauce (Kecap manis, Seite 22), nach Geschmack
Salz
Pfeffer, frisch gemahlen

1 Tempeh in ca. 2 × 4 cm lange Streifen schneiden. Spargelbohnen putzen, waschen und in mundgerechte Stücke schneiden. Gewürzpaprika waschen, putzen und in Ringe schneiden. Zwiebeln und Knoblauch schälen und in Scheiben schneiden.
2 Öl in einem Wok erhitzen. Zwiebeln und Knoblauch darin anbraten. Tempeh, Spargelbohnen und Gewürzpaprika dazugeben und mitbraten. Gemüsebrühe angießen und etwa zehn Minuten köcheln lassen. Mit Sojasauce, Salz und Pfeffer abschmecken.

Tempeh-Spießchen

Sate tempe

für 4 Portionen

400 g Tempeh (Seite 22)
200 ml Wasser
2 EL Zitronensaft
2 EL süße Sojasauce (Kecap manis, Seite 22)
Salz und Pfeffer, frisch gemahlen
Holzspieße, gut gewässert
Pflanzenöl zum Braten

Erdnusssauce
1 Chilischote
2 Knoblauchzehen, 2 Schalotten
2 EL Pflanzenöl
150 g Erdnussbutter (Seite 21)
¼ l Wasser
1 EL Limettensaft
1 TL Palmzucker (Seite 21), feingehackt
2 EL helle Röstzwiebeln (siehe Seite 44)

1 Tempeh in ca. 3 cm große Würfel schneiden. In einer Marinade aus Wasser, Zitronensaft, Sojasauce, ½ TL Salz und Pfeffer marinieren.
2 Inzwischen für die Erdnusssauce Chilischote waschen, putzen und feinhacken. Knoblauch und Schalotten schälen und feinhacken. Öl in einem kleinen Topf erhitzen. Knoblauch und Schalotten darin anbraten. Erdnussbutter und Wasser dazugeben, glattrühren und aufkochen. Mit Limettensaft, Chili, Salz und Palmzucker abschmecken.
3 Tempehwürfel abtropfen lassen, zusätzlich trockentupfen und auf die Spieße stecken. Öl in einer Pfanne erhitzen. Spieße darin unter Wenden goldbraun braten. Mit Erdnusssauce und Röstzwiebeln servieren (siehe Abbildung rechts).

Tofu-Gemüse-Eintopf

Semur tahu dan sayur

für 4 Portionen

400 g fester Tofu (Seite 22)
Kokos- oder Erdnussöl zum Frittieren
300 g Spargelbohnen (Seite 19; ersatzweise grüne Bohnen)
300 g Möhren
2 Schalotten
2 EL Pflanzenöl
¾ l Gemüsebrühe (siehe Seite 38)
4 EL süße Sojasauce (Kecap manis, Seite 22)
3 Gewürznelken
2 Zimtstangen
Salz
Pfeffer, frisch gemahlen
Muskatnuss, frisch gerieben
2 EL helle Röstzwiebeln (siehe Seite 44)

1 Tofu in ca. 3 cm große Würfel schneiden, in heißem Öl goldgelb frittieren und auf Küchenpapier abtropfen lassen. Bohnen putzen, waschen und in mundgerechte Stücke schneiden. Möhren putzen, waschen und in gleich lange Stifte wie die Bohnen schneiden. Schalotten schälen und in Streifen schneiden.
2 Öl in einem Topf erhitzen. Schalotten darin anbraten. Mit Gemüsebrühe ablöschen. Sojasauce, Nelken und Zimt dazugeben und aufkochen. Bohnen und Möhren hinzufügen und etwa zehn Minuten kochen. Tofu hineingegen und weitere zehn Minuten kochen. Mit Salz, Pfeffer und Muskat abschmecken. Mit Röstzwiebeln bestreut servieren (siehe Abbildung links).

Wasserspinat mit Chilisauce

Plecing kangkung

für 4 Portionen

2 rote Chilischoten (Seite 10)
3 rote lange Gewürzpaprika (Seite 13)
2 Knoblauchzehen
4 Schalotten
1 TL Salz
2 Tomaten
3 EL Pflanzenöl
1 TL Palmzucker (Seite 21), feingehackt
1 kg Wasserspinat (Seite 19)

1 Chilischoten und Gewürzpaprika waschen, putzen und in grobe Stücke schneiden. Knoblauch und Schalotten schälen und hacken. Vorbereitete Zutaten mit Salz mit einem Pürierstab zerkleinern. Tomaten waschen und die Stielansätze herausschneiden. Anschließend die Tomaten in Würfel schneiden.
2 Öl in einer Pfanne erhitzen, Chilimischung darin anbraten. Tomaten dazugeben. Mit Salz und Palmzucker abschmecken und aufkochen.
3 Wasserspinat verlesen, waschen, kleinschneiden und in kochendem Salzwasser drei Minuten blanchieren. Herausnehmen und mit kaltem Wasser abschrecken. Gut abtropfen lassen und etwas ausdrücken. Chilisauce darauf verteilen und sofort servieren.

Tofu in scharfer Kokossauce

Rendang tahu

für 4 Portionen

800 g fester Tofu (Seite 22)
Kokos- oder Erdnussöl zum Frittieren
2 Stängel Zitronengras (Seite 14)
1 Stück Ingwer (Seite 11; ca. 5 cm)
1 Stück Galgant (Seite 10; ca. 5 cm)
2 rote Chilischoten (Seite 10)
3 rote lange Gewürzpaprika
3 Knoblauchzehen
6 Schalotten
6 Lichtnüsse (Seite 21)
3 EL Pflanzenöl
400 ml Kokosmilch
1 TL Kurkumapulver (Seite 10)
1 EL Korianderpulver (Seite 12)
4 Kaffirlimettenblätter (Seite 11)
Salz

1 Tofu in 4 cm große Würfel schneiden. In heißem Öl goldgelb frittieren und auf Küchenpapier abtropfen lassen.

2 Zitronengras waschen, zuerst längs, danach quer halbieren und mit einem breiten Messer anquetschen. Ingwer schälen und in dünne Scheiben schneiden. Galgant waschen und ebenfalls in dünne Scheiben schneiden. Chilis und Gewürzpaprika waschen, putzen und in grobe Stücke schneiden. Knoblauch und Schalotten schälen und grobhacken. Chilis, Gewürzpaprika, Knoblauch, Schalotten und Lichtnüsse mit einem Pürierstab zerkleinern.

3 Öl in einem Topf erhitzen. Gewürzpaste darin anbraten. Kokosmilch, Kurkuma, Koriander, Zitronengras, Galgant, Kaffirlimettenblätter und Ingwer dazugeben und aufkochen. Tofu hinzufügen, Deckel auflegen und etwa zehn Minuten bei niedriger Hitze mitgaren. Mit Salz abschmecken.

Eier mit scharfer Kokossauce

Sambal goreng telur

für 4 Portionen

2 Stängel Zitronengras (Seite 14)
1 Stück Ingwer (Seite 11; ca. 5 cm)
1 Stück Galgant (Seite 10; ca. 5 cm)
5 grüne lange Gewürzpaprika (Seite 13)
8 Eier, hart gekocht
3 Knoblauchzehen
6 Schalotten
6 Lichtnüsse (Seite 21)
3 EL Pflanzenöl
400 ml Kokosmilch
3 Salamblätter (Seite 14)
Salz
1 TL Palmzucker (Seite 21), feingehackt

1 Zitronengras waschen, zuerst längs, danach quer halbieren und mit einem breiten Messer anquetschen. Ingwer schälen und in dünne Scheiben schneiden. Galgant waschen und ebenfalls in dünne Scheiben schneiden. Gewürzpaprika waschen, putzen und in Ringe schneiden. Eier pellen. Knoblauch und Schalotten schälen und grobhacken. Beides mit den leicht zerstoßenen Lichtnüssen mit einem Pürierstab zerkleinern.

2 Öl in einem Topf erhitzen. Gewürzpaste darin anbraten. Kokosmilch, Zitronengras, Galgant, Salamblätter und Ingwer dazugeben und aufkochen. Gewürzpaprika und Eier hinzufügen. Mit Salz und Palmzucker abschmecken. Mit aufgelegtem Deckel ca. 15 Minuten bei niedriger Hitze köcheln lassen.

Buntes Wok-Gemüse

Capcai sayur

für 4 Portionen

250 g Möhren
200 g Zuckerschoten
250 g Blumenkohl
1 rote Gemüsepaprika
250 g Pak Choi
2 Zwiebeln
3 Lauchzwiebeln
2 rote lange Gewürzpaprika (Seite 13)
1 Stück Ingwer (Seite 11; ca. 4 cm)
2 Knoblauchzehen
2 Schalotten
3 EL Pflanzenöl
3 EL salzige Sojasauce (Kecap asin, Seite 22)
Salz
Pfeffer, frisch gemahlen
einige Stängel Koriander (Seite 12)

1 Möhren schälen und diagonal in Scheiben schneiden. Zuckerschoten putzen und waschen. Blumenkohl waschen und putzen. Strunk in Stifte schneiden, Röschen je nach Größe halbieren oder in Scheiben schneiden. Gemüsepaprika waschen, putzen und in Streifen schneiden. Pak Choi putzen, waschen und kleinschneiden. Zwiebeln schälen und in Streifen schneiden. Lauchzwiebeln putzen, waschen und in Stücke schneiden. Gewürzpaprika waschen, putzen und in Ringe schneiden. Ingwer, Knoblauch und Schalotten schälen und feinhacken.

2 Öl in einem Wok erhitzen. Ingwer, Knoblauch und Schalotten darin anbraten. Zuerst Möhren und Blumenkohl dazugeben und etwa drei Minuten mitbraten. Zuckerschoten, Paprika, Pak Choi, Zwiebeln und Lauchzwiebeln hinzufügen und weitere fünf Minuten unter Rühren braten. Mit salziger Sojasauce, Salz und Pfeffer abschmecken. Koriander waschen und trockenschütteln, Blättchen abzupfen und über dem Gemüse verteilen (siehe Abbildung rechts).

HONDA
ASTREA

SÜSSSPEISEN

Süßspeisen in Indonesien sind eigene kleine Mahlzeiten oder Snacks, die meist mit Kokosmilch und Früchten zubereitet sind. Dadurch sind sie nicht so süß und werden auch nicht wie bei uns nur als Dessert gegessen.

Bananenkuchen-Päckchen
Nagasari
ergibt 12 Stück

3 Bananen
100 g Mungbohnenmehl
½ l Wasser
400 ml Kokosmilch
125 g Rohrohrzucker
1 Pck echter Vanillezucker
¼ TL Salz
12 Bananenblätter (ca. 20 × 25 cm)
12 Zahnstocher

1 Ungeschälte Bananen ca. 25 Minuten zugedeckt im Dämpfeinsatz über kochendem Wasser garen.
2 Mungbohnenmehl mit ¼ l Wasser glattrühren. Kokosmilch, restliches Wasser, Zucker, Vanillezucker und Salz aufkochen. Mehlmischung dazugeben und unter ständigem Rühren zum Kochen bringen. Topf vom Herd ziehen und beiseitestellen.
3 Bananen schälen und jede Banane diagonal in vier längliche Scheiben schneiden. Je 3 EL des Teigs auf ein Bananenblatt geben und ein Bananenstück daraufsetzen. Bananenblatt erst seitlich einschlagen, dann zusammenfalten und mit Zahnstochern feststecken. Kuchen abkühlen lassen und servieren (siehe Abbildung links).

Tipp Mungbohnenmehl kann auch als vegetarischer Ersatz für Gelatine verwendet werden. Ihre Festigkeit bekommt die Masse dann nach dem Erhitzen beim Erkalten. Das Stärkemehl der Mungbohne kommt außerdem beim Backen zum Einsatz und kann gut für das Andicken von Saucen verwendet werden, da es fast keinen Eigengeschmack hat.

Frittierte Bananen
Goreng pisang
ergibt 12 Stück

175 g Weizenmehl, Type 405
25 g Kartoffel- oder Maniokstärke
1 Ei
50 g Rohrohrzucker
1 Pck echter Vanillezucker
¼ TL Salz
200 ml Wasser
4 Bananen
Kokos- oder Ernussöl zum Frittieren

1 Mehl, Stärke, Ei, Zucker, Vanillezucker, Salz und Wasser zu einem glatten Teig verrühren. 30 Minuten quellen lassen.
2 Bananen schälen und quer halbieren. In den Teig tauchen, etwas abtropfen lassen und im heißen Öl goldbraun frittieren. Auf Küchenpapier entfetten und noch heiß servieren.

Kleine Pfannkuchen mit Duriansauce

Serabi pandan saus durian

ergibt 6 Stück

Teig

100 g feines Reismehl
100 g Weizenmehl, Type 405
1 Ei
½ TL Salz
1 TL Backpulver
200 ml Kokosmilch
200 ml Wasser

Sauce

300 g frische Durian (Seite 16; ersatzweise TK-Ware, aufgetaut)
200 ml Kokosmilch
200 ml Wasser
75 g Palmzucker (Seite 21)
Pflanzenöl zum Braten

1 Reismehl, Mehl, Ei, Salz, Backpulver, Kokosmilch und Wasser glattrühren. Etwa 30 Minuten quellen lassen.
2 Für die Sauce Durian entkernen und das Fruchtfleisch mit einem Pürierstab zerkleinern. Mit Kokosmilch, Wasser und Palmzucker in einem Topf aufkochen. Vom Herd ziehen und beiseitestellen.
3 Eine kleine antihaft-beschichtete Pfanne (Ø 12 cm) mit Öl einpinseln und erhitzen. Aus dem Teig etwa sechs kleine Pfannkuchen darin backen. Die Pfanne dabei immer wieder mit Öl auspinseln. Pfannkuchen mit der lauwarmen Duriansauce servieren.

Kokosmilchcrêpes

Kue ape

ergibt ca. 12 Stück

150 g feines Reismehl
75 g Weizenmehl, Type 405
75 g Rohrohrzucker
½ TL Salz
½ TL Backpulver
300 ml Wasser
100 ml Kokosmilch
grüne Lebensmittelfarbe (siehe Tipp Seite 99)
Pflanzenöl zum Braten

1 Reismehl, Mehl, Zucker, Salz und Backpulver vermischen. Unter Rühren nach und nach Wasser, Kokosmilch und 1 Msp Lebensmittelfarbe dazugeben. Teig glatt rühren und etwa 30 Minuten ruhen lassen.
2 Einen kleinen Wok (Ø 20 cm) mit Öl einpinseln und erhitzen. Kleine Teigportionen in den Wok gießen und so schwenken, dass es einen dünnen Teigrand und in der Mitte einen dickeren Teig ergibt. Zudecken und bei niedriger Hitze so lange backen, bis der Teigrand knusprig und die dickere Mitte durchgegart ist (siehe Abbildung rechts).

Tipp Am besten gelingt das Rezept auf einem Gasherd oder über einer offenen Flamme.

Yams-Bananen-Kompott
Kolek ubi nangka
für 4 Portionen

400 g Wasser-Yam
(ersatzweise Süßkartoffel, Seite 19)
2 Bananen
200 g reife Jackfrucht (Seite 17; TK oder Dose oder in Sirup eingelegt)
1 Pandanblatt (Seite 13)
200 g Palmzucker (Seite 21)
800 ml Wasser
¼ TL Salz
200 ml Kokosmilch

1 Wasser-Yam schälen, waschen und in Würfel schneiden. Im Dämpfeinsatz über kochendem Wasser zugedeckt ca. 15 Minuten garen.
2 Bananen schälen und in Stücke schneiden. Jackfrucht in kleine Würfel schneiden.
3 Pandanblatt waschen und grob zerteilen. Mit Palmzucker, Wasser und Salz aufkochen und so lange rühren, bis sich der Zucker aufgelöst hat. Yamsstücke, Bananen und Jackfrucht dazugeben und fünf Minuten kochen lassen. Kokosmilch zugießen und nochmals kurz aufkochen. Vor dem Servieren die Pandanblattstücke entfernen.

Tipp Asiatische Wasser-Yamswurzeln gibt es nicht nur mit hellem, sondern auch mit rötlichem bis violettem Fruchtfleisch, was einen schönen farblichen Akzent auch in diesem Rezept setzen kann.
In Asialäden gibt es Yamswurzeln bereits küchenfertig vorbereitet in der Tiefkühltheke. Bei Frischware darauf achten, dass die Knollen fest sind und keine dunklen Druckstellen aufweisen.
Es gibt viele verschiedene Yamsarten, von denen die Wurzeln verzehrt werden. Allen gemeinsam ist, dass sie recht stärkehaltig sind und wie Kartoffeln verwendet werden können. Das Kochwasser der Yams wegen ihres Oxalsäuregehalts nicht weiterverwenden.

Gefüllte Pfannkuchenrollen mit Kokosnuss

Dadar gulung

ergibt 10 Stück

Teig

80 g Weizenmehl, Type 405
20 g Tapiokamehl
Salz
150 ml Wasser
1 Ei
grüne Lebensmittelfarbe (ersatzweise Matcha, siehe Tipp)
200 ml Kokosmilch

Füllung

1 Pandanblatt (Seite 13)
125 g Palmzucker (Seite 21)
300 ml Wasser
250 g Kokosnussfleisch (siehe Tipp Seite 107), frisch geraspelt

Pflanzenöl zum Braten

1 Für den Teig Mehl und Tapiokamehl mischen. Mit ¼ TL Salz, Ei, Wasser, 1 Msp Grün und Kokosmilch glattrühren. Etwa 30 Minuten ruhenlassen.

2 Für die Füllung Pandanblatt waschen und grob zerteilen. Mit Palmzucker, ¼ TL Salz und Wasser in einem Topf aufkochen. Frische Kokosraspel unterrühren und so lange kochen, bis die Flüssigkeit verdampft ist. Zwischendurch immer wieder umrühren. Topf vom Herd ziehen und etwas abkühlen lassen.

3 Öl in einer beschichteten Pfanne (Ø 24 cm) erhitzen und zehn dünne Pfannkuchen ausbacken. Pandanblattstücke aus der Füllung nehmen. Je 2 EL Füllung auf jeden Pfannkuchen geben, Seiten einschlagen und aufrollen.

Tipps In ganz Südostasien werden Süßspeisen oder süße Snacks gerne knallig eingefärbt. Die fürs Backen und Kochen verwendeten Lebensmittelfarben sind geschmacksneutral. Wer es gerne etwas natürlicher möchte, kann zum Einfärben ersatzweise Matcha (japanisches Grünteepulver) verwenden; da gibt es auch Qualitäten zum Backen. Für diese Menge kommen ca. 1–2 EL Matcha in den Teig, dabei evtl. etwas mehr Flüssigkeit dazugeben. Im Gegensatz zur Lebensmittelfarbe hat Matcha jedoch einen etwas herben Eigengeschmack. Wenn keine frischen Pandanblätter erhältlich sind, kann man sich auch mit Pandanusextrakt behelfen, der meist schon grün eingefärbt ist, und auf zusätzliche Lebensmittelfarbe verzichten. Einige Rezepte empfehlen auch, kleingehackte Pandanblätter mit etwas Flüssigkeit, z. B. Kokosmilch, aufzumixen und durch ein feines Sieb zu filtern. Das Grün ist zwar nicht ganz so intensiv, aber für unser Empfinden sind die Speisen immer noch schön grün gefärbt – und sie haben das angenehme Pandanaroma.

Schwarzer Klebreis mit Kokosmilch

Bubur ketan hitam

für 4 Portionen

150 g schwarzer Klebreis (Seite 20)
2 Pandanblätter (Seite 13)
800 ml Wasser
125 g feiner Palmzucker (Seite 21)
400 ml Kokosmilch
¼ TL Salz

1 Schwarzen Klebreis mit kaltem Wasser zwei fingerbreit übergießen und über Nacht einweichen.
2 Pandanblätter waschen und grob zerkleinern. Klebreis abgießen und mit der Hälfte der Pandanblätter und neuem Wasser aufkochen. Einen Deckel auflegen und etwa 50 Minuten bei niedriger Hitze köcheln lassen. Dabei immer wieder umrühren, damit der Reis nicht anbrennt. Zucker dazugeben und unterrühren, bis er sich aufgelöst hat. Den Topf vom Herd ziehen, Pandanblattstücke entfernen und den Reis beiseitestellen.
3 Kokosmilch, die andere Hälfte der Pandanblätter und Salz zum Kochen bringen. Klebreis auf vier Schüsseln verteilen, mit der heißen, durch ein Sieb abgeseihten, Kokosmilch übergießen und servieren.

Maniokhäppchen mit Kokosnuss

Getuk

für 4 Portionen

500 g Maniok (Seite 17)
200 g Kokosnussfleisch (siehe Tipp Seite 107), frisch gerieben
125 g brauner Zucker
1 Pck echter Vanillezucker

1 Maniok waschen, schälen und grob zerkleinern. Im Dämpfeinsatz über kochendem Wasser zugedeckt ca. 30 Minuten garen. Danach durch eine Kartoffelpresse drücken. Mit 150 g Kokosnuss, Zucker und Vanillezucker gut verkneten.
2 Aus der Masse eine Rolle formen. Diese in Scheiben schneiden und mit der restlichen Kokosnuss bestreuen.

Tipp In Indonesien wird Getuk nach Lust und Laune mit Lebensmittelfarbe bunt eingefärbt. Manche servieren Getuk auch wie Spaghettieis durch eine Lochpresse gedrückt.

Mit Palmzucker gefüllte Klebreisbällchen

Kue klepon

ergibt 15 Stück

250 g Klebreismehl
200 ml warmes Wasser
grüne Lebensmittelfarbe (siehe Tipp Seite 99)
¼ TL Salz
75 g Palmzucker (Seite 21), feingehackt
100 g Kokosnussfleisch (siehe Tipp Seite 107), frisch gerieben

1 Klebreismehl und warmes Wasser mit 1 Msp Lebensmittelfarbe und Salz zu einem Teig verkneten. Je 1 EL Teig zu einer Kugel formen, dann flachdrücken. Mit jeweils 1 TL Palmzucker füllen und die Kugel wieder verschließen.

2 Bällchen in siedendem Wasser ziehen lassen, bis sie an der Oberfläche schwimmen. Mit einem Schaumlöffel herausnehmen und in feinen Kokosraspeln wälzen (siehe Abbildung links).

Süßkartoffelbällchensuppe

Biji salak

für 4 Portionen

2 Pandanblätter (Seite 13)
125 g Palmzucker (Seite 21)
800 ml Wasser
Salz
100 g Tapiokamehl
200 g Süßkartoffeln (Seite 19), geschält
400 ml Kokosmilch

1 Pandanblätter waschen und grob zerteilen. Palmzucker mit Wasser, der Hälfte der Pandanblätter und ¼ TL Salz aufkochen. So lange rühren, bis der Zucker sich aufgelöst hat. 1 EL Tapiokamehl mit 4 EL Wasser verrühren. Unter das Palmzuckerwasser rühren und kurz aufkochen. Den Topf vom Herd nehmen und beiseitestellen.

2 Süßkartoffeln in Würfel schneiden. Im Dämpfeinsatz über kochendem Wasser zugedeckt ca. 30 Minuten garen. Dann durch eine Kartoffelpresse drücken und mit dem restlichen Tapiokamehl verkneten. Aus der Masse kleine Bällchen formen.

3 Süßkartoffelbällchen in siedendem Salzwasser ziehen lassen, bis sie an der Oberfläche schwimmen. Mit einem Schaumlöffel herausnehmen und abtropfen lassen. Pandanblattstücke aus der Palmzuckersauce entfernen und die Süßkartoffelbällchen hineingeben.

4 Kokosmilch, restliches Pandanblatt und ¼ TL Salz zum Kochen bringen. Süßkartoffelbällchen in der Palmzuckersauce mit der heißen, durch ein Sieb abgeseihten, Kokosmilch servieren.

GETRÄNKE UND FRUCHTCOCKTAILS

Heiße Getränke mit Ingwer, Zimt, Nelken oder Kardamom sind in Indonesien für die »kalten« Nächte vorgesehen. Statt kühler Getränke werden häufig einfach Früchte mit Crushed ice als Erfrischung an heißen Tagen genossen.

Gewürzter Ingwertee mit Kokosstreifen

Bandrek

für 4 Portionen

100 g Ingwer (Seite 11)
1 l Wasser
150 g Palmzucker (Seite 21)
1 Zimtstange
4 Gewürznelken
100 g frisches Kokosnussfleisch, in Streifen gehobelt

1 Ingwer schälen und grobreiben. Wasser in einem Topf zum Kochen bringen. Ingwer, Palmzucker, Zimt und Nelken darin aufkochen und bei niedriger Hitze etwa zehn Minuten ziehen lassen.
2 Ingwertee durch ein Sieb abgießen. Kokosstreifen in den Tee geben und servieren (siehe Abbildung links).

Tipp Die Kokosnussstreifen gibt es in Asialäden auch als TK-Ware (frozen young coconut strips). Für den Tee entsprechend auftauen lassen und dazugeben.

Ingwer-Limetten-Tee

Teh lemon jahe

für 4 Portionen

100 g Ingwer (Seite 11)
1 l Wasser
2 TL schwarzer Jasmintee
75 g Palmzucker (Seite 21)
4 Kaffirlimettenblätter (Seite 11), halbiert
2 EL Limettensaft
8 Bio-Limettenscheiben

1 Ingwer schälen, in dünne Scheiben schneiden und mit einem Messer etwas zerdrücken.
2 Wasser in einem Topf zum Kochen bringen. Ingwer, Tee, Palmzucker und Kaffirlimettenblätter drei Minuten darin köcheln lassen.
3 Tee durch ein Sieb abgießen. Limettensaft und -scheiben dazugeben und servieren.

Gewürztee mit Palmfrüchten

Teh kolang kaling

für 4 Portionen

40 g Ingwer (Seite 11)
3 Stängel Zitronengras (Seite 14)
1 l Wasser
4 Kardamomkapseln (Seite 11)
2 TL schwarzer Jasmintee
75 g Palmzucker (Seite 21)
150 g eingelegte Palmfrüchte (Seite 21)

1 Ingwer schälen, in dünne Scheiben schneiden und mit einem Messer etwas zerdrücken. Zitronengras waschen, zuerst längs, danach quer halbieren und mit einem breiten Messer anquetschen.
2 Wasser in einem Topf zum Kochen bringen. Ingwer, Zitronengras, Kardamom, Tee und Palmzucker etwa drei Minuten darin köcheln lassen.
3 Tee durch ein Sieb abgießen. Abgetropfte Palmfrüchte halbieren und in den Tee geben.

Tipp Statt der Palmfrüchte schmeckt der Gewürztee auch mit anderen Fruchtstückchen, z. B. Mangowürfeln.

Kokosnuss mit Tapiokawürfeln

Es sekoteng

für 4 Portionen

100 g getrocknete bunte Tapiokawürfel
100 g eingelegte Palmfrüchte (Seite 21)
200 g frisches Kokosnussfleisch, in Streifen gehobelt (siehe Tipp Seite 107)
4 Tassen Crushed ice
8 EL Vanillesirup
60 g ungesalzene Erdnüsse, geröstet

1 Tapiokawürfel in ausreichend Wasser in einem Topf ca. 30 Minuten kochen. Würfel durch ein Sieb abgießen, kalt abschrecken und abtropfen lassen.
2 Palmfrüchte halbieren. Kokos mit Tapiokawürfeln und Palmfrüchten auf vier Gläser verteilen.
3 Crushed ice und Vanillesirup darüber geben. Erdnüsse in einem Mörser grob zerkleinern und darüberstreuen.

Tipp Das Rezept lässt sich auch mit Tapiokaperlen herstellen, die es natur und teilweise auch grün gefärbt im Asialaden gibt.

Gewürzte Kokosmilch mit Palmfrüchten

Bajigur

für 4 Portionen

2 Pandanblätter (Seite 13)
400 ml Kokosmilch
600 ml Wasser
1 Zimtstange
75 g Palmzucker (Seite 21)
¼ TL Salz
200 g eingelegte Palmfrüchte (Seite 21), abgetropft und halbiert

1 Pandanblätter waschen und in grobe Stücke zerteilen. Kokosmilch, Wasser, Zimt, Palmzucker, Pandanblätter und Salz mit den Palmfrüchten in einem Topf kurz aufkochen.
2 Beiseite stellen und etwa zehn Minuten ziehen lassen.
3 Noch heiß auf vier Becher verteilen. Pandanblätter entfernen und servieren.

Aloe-Vera-Getränk mit Gurke und Melone

Es lidah buaya ketimun

für 4 Portionen

½ Cantaloupe-Melone
½ Bio-Salatgurke
280 g Aloe-Vera-Gel oder -Drink mit Aloe-Vera-Stückchen
4 TL Limettensaft
4 EL Vanillesirup
600 ml stilles Wasser
2 Tassen Eiswürfel
4 Stängel Minze

1 Melone schälen und Kerne entfernen. Melonenfleisch in kleine Würfel schneiden. Gurke waschen, längs halbieren, entkernen und in dünne Scheiben hobeln.
2 Aloe-Vera-Gel mit Melonenwürfeln, Gurkenscheiben, Limettensaft, Sirup, Wasser und Eiswürfel in einer Karaffe vermengen.
3 Auf vier Gläser verteilen und mit frischer Minze servieren (siehe Abbildung rechts).

Gemischte Früchte mit Rosensirup

Es campur

für 4 Portionen

1 reife Mango
½ Granatapfel
1 reife Avocado
150 g frisches Kokosnussfleisch, in Streifen gehobelt (siehe Tipp Seite 107)
4 Tassen Crushed ice
4 EL Rosensirup
4 EL gesüßte Kondensmilch

1 Mango schälen, Fruchtfleisch vom Stein schneiden und würfeln. Granatapfelkerne aus der Schale lösen, die weißen Zwischenhäutchen entfernen. Avocado halbieren, Kern herausnehmen und das Fruchtfleisch mit einem Löffel aus der Schale lösen.
2 Alle Zutaten mit Kokosstreifen auf vier Schüsseln verteilen. Crushed ice darübergeben und mit Rosensirup und Kondensmilch beträufeln (siehe Abbildung links).

Drachenfrucht mit Granatapfel

Es buah naga dan delima

für 4 Portionen

2 Drachenfrüchte (Seite 16)
2 Tassen Crushed ice
2 EL Limettensaft
4 EL Rosensirup
4 EL gesüßte Kondensmilch
8 EL Granatapfelkerne, frisch ausgelöst (siehe nebenstehendes Rezept)

1 Drachenfrüchte halbieren und das Fruchtfleisch mit einem Löffel herausnehmen. Mit Crushed ice, Limettensaft und Rosensirup im Mixer grobpürieren.
2 Mischung auf vier Gläser verteilen, Kondensmilch mit Granatapfel darübergeben und sofort servieren.

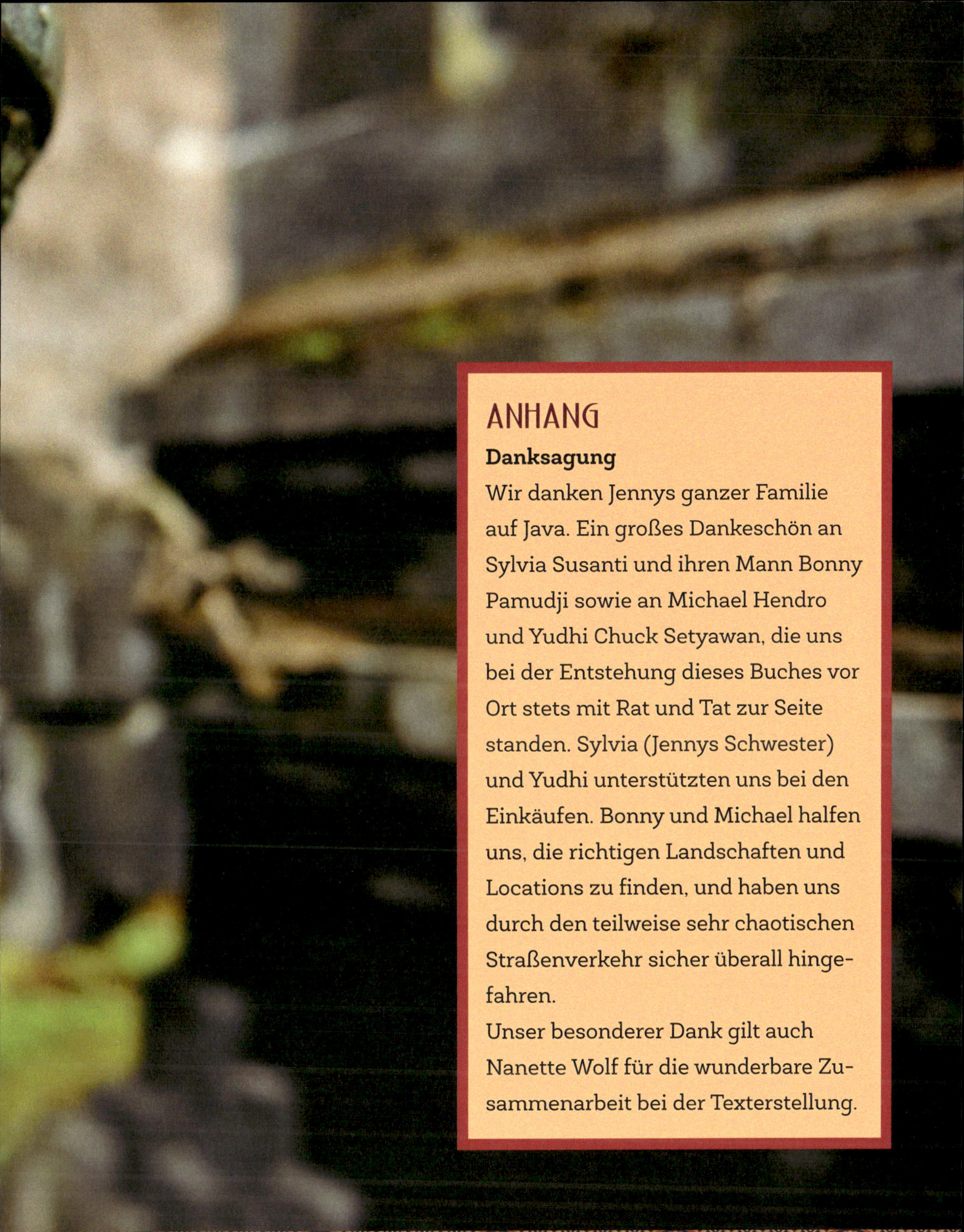

ANHANG

Danksagung

Wir danken Jennys ganzer Familie auf Java. Ein großes Dankeschön an Sylvia Susanti und ihren Mann Bonny Pamudji sowie an Michael Hendro und Yudhi Chuck Setyawan, die uns bei der Entstehung dieses Buches vor Ort stets mit Rat und Tat zur Seite standen. Sylvia (Jennys Schwester) und Yudhi unterstützten uns bei den Einkäufen. Bonny und Michael halfen uns, die richtigen Landschaften und Locations zu finden, und haben uns durch den teilweise sehr chaotischen Straßenverkehr sicher überall hingefahren.

Unser besonderer Dank gilt auch Nanette Wolf für die wunderbare Zusammenarbeit bei der Texterstellung.

Snacks und kleine Gerichte

Erdnusskekse, pikant 26
Salat, scharf und süß-sauer 26
Frühlingsrollen, frittiert 29
Teigtaschen mit Gemüse-Ei-Füllung 29
Frühlingsrollen mit Bambussprossen 30
Teigrolle mit Gemüsefüllung 31
Wantans mit Gemüsefüllung 32
Maisküchlein 32
Tofuecken, gefüllt und frittiert 34

Suppen

Gemüsebrühe 38
Gemüse-Tamarinden-Suppe 38
Spinatsuppe, klar 40
Tempeh-Bambussprossen-Suppe 41
Eiersuppe mit Judasohr-Pilzen 41
Reisnudelsuppe mit Shiitake 43
Gemüsesuppe mit Eiernudeln 43
Eiernudel-Zitronengras-Suppe 44
Mungbohnensuppe 47
Gemüsesuppe mit Kokosmilch 47
Tofusuppe, scharf 49

Camilan dan Makanan ringan

Rempeyek kacang 26
Rujak cuka 26
Lumpia goreng 29
Martabak telor 29
Lumpia basah 30
Risoles sayur 31
Pangsit goreng isi sayur 32
Perkedel jagung 32
Tahu isi sayur 34

Sup

Kaldu sayur 38
Sayur asem 38
Sayur bening 40
Sup tempe dan rebung 41
Sup telur jamur 41
Sup bihun dan jamur 43
Mie kuah 43
Soto mie 44
Sup kacang hijau 47
Sayur lodeh 47
Sup tahu dan cabe 49

Chilipasten

Chilipaste Grundrezept 52
Grüne Chilipaste 52
Chilipaste mit Lichtnüssen 54
Chili-Ingwer-Paste 54
Chilipaste mit Erdnüssen 55
Chilipaste mit süßer Sojasauce 55
Chilipaste, gebraten 56
Chili-Tomaten-Paste 57
Schalotten-Chili-Paste 57

Sambal

Sambal oelek 52
Sambal hijau 52
Sambal kemiri 54
Sambal jahe 54
Sambal kacang 55
Sambal kecap 55
Sambal bajak 56
Sambal tomat 57
Sambal mentah 57

Reis- und Nudelgerichte

Reisnudeln, gebraten, mit Schnittknoblauch 60
Reis, gebraten 60
Kokosreis mit Kurkuma 63
Reis, im Bananenblatt gegart, mit Tofu und Erdnusssauce 65
Kokosreis mit Tempeh und Tofu 66
Gewürzreis mit Tempehwürfeln 67
Nudeln, gebraten 68
Glasnudeln, gebraten, mit Tempeh 71

Nasi dan Mie

Bihun goreng kucai 60
Nasi goreng 60
Nasi kuning 63
Kupat tahu 65
Nasi uduk 66
Nasi tutug tempe 67
Mie goreng 68
Soun goreng tempe cabe hijau 71

Hauptgerichte

Auberginen-Chili-Gemüse 75
Bohnen-Kokosnuss-Salat 75
Pak Choi, gebraten, mit Shiitake 76
Zuckerschoten mit frittierten Tofuwürfeln 76
Gemüse in Kurkumasauce 79
Jackfrucht in Kokosmilch 79
Gemüse mit Erdnusssauce 80
Kartoffel-Chili-Gemüse 82
Maniok-Paprika-Gemüse 83
Tempeh-Eintopf mit Spargelbohnen 84
Tempeh-Spießchen 84
Tofu-Gemüse-Eintopf 87
Wasserspinat mit Chilisauce 87
Tofu in scharfer Kokossauce 88
Eier mit scharfer Kokossauce 89
Wok-Gemüse, bunt 90

Süßspeisen

Bananenkuchen-Päckchen 95
Bananen, frittiert 95
Pfannkuchen, klein, mit Duriansauce 96
Kokosmilch-Crêpes 96
Yams-Bananen-Kompott 98
Pfannkuchenrollen, mit Kokosnuss gefüllt 99
Schwarzer Klebreis mit Kokosmilch 100
Maniokhäppchen mit Kokosnuss 100
Klebreisbällchen, mit Palmzucker gefüllt 103
Süßkartoffelbällchensuppe 103

Hidangan utama

Balado terung 75
Lawar 75
Tumis sawi jamur 76
Tumis tahu dan kapri 76
Acar kuning 79
Gudeg 79
Gado gado 80
Sambal goreng kentang 82
Balado singkong 83
Tumis tempe kacang panjang 84
Sate tempe 84
Semur tahu dan sayur 87
Plecing kangkung 87
Rendang tahu 88
Sambal goreng telur 89
Capcai sayur 90

Makanan ringan manis

Nagasari 95
Goreng pisang 95
Serabi pandan saus durian 96
Kue ape 96
Kolek ubi nangka 98
Dadar gulung 99
Bubur ketan hitam 100
Getuk 100
Kue klepon 103
Biji salak 103

Getränke und Fruchtcocktails

Ingwertee, gewürzt, mit Kokosstreifen	107
Ingwer-Limetten-Tee	107
Gewürztee mit Palmfrüchten	109
Kokosnuss mit Tapiokawürfeln	109
Kokosmilch, gewürzt, mit Palmfrüchten	110
Aloe-Vera-Getränk mit Gurke und Melone	110
Früchte, gemischt, mit Rosensirup	113
Drachenfrucht mit Granatapfel	113

Minuman dan Buah-buahan

Bandrek	107
Teh lemon jahe	107
Teh kolang kaling	109
Es sekoteng	109
Bajigur	110
Es lidah buaya ketimun	110
Es campur	113
Es buah naga dan delima	113

Hinweise zu den Rezepten

Alle Löffelangaben in den Zutaten (EL und TL) beziehen sich auf das gestrichene Maß. Die in den Rezepten verwendeten Eier sind Handelsgröße L (groß) und Güteklasse A. Verwenden Sie immer nur ganz frische Eier! Wird Mehl genannt, ist darunter einfaches Weizenmehl, Type 405, zu verstehen. Die optimale Temperatur zum Frittieren ist 175 °C. Die richtige Temperatur kann auch ohne Fritteuse, nur mithilfe eines Holzlöffels ermittelt werden: Hält man den Stiel des Löffels in das heiße Fett und steigen dabei am Stiel kleine Bläschen auf, dann ist das Fett heiß genug zum Frittieren.

Abkürzungen

g = Gramm
kg = Kilogramm
EL = Esslöffel
TL = Teelöffel
ml = Milliliter = 1/1000 Liter
l = Liter
cm = Zentimeter
Pck = Päckchen
Msp = Messerspitze
TK = Tiefkühl
Ø = Durchmesser

Bildlegenden

Seiten 4/5: Auf dem Gelände des größten Hindu-Heiligtums auf Bali – dem Besakih-Tempel in Karangasem. 8/9: Verschiedene Chilis auf dem Pasar Andir (Pasar bedeutet Markt/Markthalle) in Bandung auf West-Java. 10: Mobile Garküchen in Sumedang auf West-Java. 11: Gewürzangebot auf dem Pasar Baru in Bandung auf West-Java. 12: Gewürzstand auf dem Pasar in Bedugul auf Bali. 13 Szenen auf dem Pasar Ubud in Ubud auf Bali. 15 li. oben: Salamblätter; 15 re. oben: An einem Stand auf dem Pasar Andir in Bandung auf West-Java; 15 li. unten: Verschiedene Snacks auf dem Pasar Baru in Bandung auf West-Java; 15 re. unten: Zitronengras, Galgant und Limetten auf dem Pasar Andir in Bandung auf West-Java. 16 li.: Guaven; 16 re.: Drachenfrüchte/Pitahayas. 17 li.: Jackfrüchte; 17 re.: Durian. 18 li. oben: Maniokwurzeln; 18 re. oben: Spargel- (hinten) und Goabohnen (Flügelbohnen) auf dem Markt in Ubud auf Bali; 18 li. unten: Wasserspinat; 18 re. unten: Tempeh. 22: Hülsenfrüchte-Angebot auf dem Pasar in Sukawati auf Bali. 23: frittierter Tofu. 24/25: Schachspieler auf dem Pasar Burung (Vogelmarkt) in Bandung auf West-Java. 30: Reisfeld in der Nähe von Tegalalang auf Bali. 31: Der Meerestempel Pura Tanah Lot im Südwesten Balis (Tabanan) ist nur bei Ebbe zu Fuß zu erreichen. 35 li. oben: In der Tempelanlage Besakih in Karangasem auf Bali (s.a. Seite 4/5); 35 re. oben: Figur im Pura Tanah Lot (s. a. Seite 31); 35 li. unten: Detail aus dem Shiva-Tempel Pura Ulun Danu Bratan im Vulkansee in der Nähe von Bedugul auf Bali; 35 re. unten: Besakih-Tempel (s. li.oben). 36/37: Mobile Suppenküche in Denpasar auf Bali. 40 li.: typische Opfergaben in geflochtenen Körben für eine Zeremonie in Ubud (Bali). 40 Mitte: Durian an einem Stand in Bandung auf West-Java. 40 re.: Blüten und Bumenketten auf dem Pasar in Sukawati auf Bali. 48 li. oben: Gebratene Nudeln im Wok (Bandung, West-Java); 48 re. oben: Musiker auf einem Fest in Bedugul (Bali), die das traditionelle Instrument Gamelan Bali spielen. 48 li. unten: Obstverkäufer in Bandung auf West-Java; 48 re. unten: Gegarter Reis im Palmblätter-Päckchen (Bandung/West-Java). 50/51: Buddhafigur in Ubud, dem kulturellen Zentrum Balis. 54: Opfergaben für eine Zeremonie in Peliatan (Bali). 55: Blumenschmuck – eine tägliche Opfergabe, die überall zu finden ist (Peliatan/Bali). 56 li.: Besakih-Tempel auf Bali (s. a. Seite 4/5); 56 Mitte: Gottheit auf einer privaten Tempelanlage in Ubud (Bali); 56 re.: Legong-Tänzerin beim Tempel Pura Dalem in Ubud auf Bali. 58/59: Die Reisterrassen von Jatiluwih auf Bali. 64 li. oben: Reisfeld in Peliatan auf Bali; 64 re. oben: Mädchen und Junge auf einem Fest in Peliatan (Bali); 64 li. unten: Festlich gekleidete Jungen auf einem Fest in Bedugul (Bali); 64 re. unten: Reisterrassen in Campuhan in der Nähe von Ubud auf Bali. 66: Reisfeld in der Nähe von Peliatan auf Bali. 67: Hindu-Schrein zum Eingang von Reisfeldern auf dem Weg nach Jatiluwih (Bali). 72/73: Sortiment eines Korbmachers in Sukawati auf Bali. 77 li. oben: ältere Frau in Purwokerto, der Hauptstadt des Bezirks Banyumas in Zentral-Java; 77 re. oben: Türschnitzer in Gianyar auf Bali; 77 li. unten: Vogelkäfige auf dem Pasar Burung in Bandung (West-Java); 77 re. unten: Rattankorbverkäufer in Sukawati (Bali). 82: Rikscha in Yogyakarta (Zentral-Java). 83: Rikschastation in Bandung (West-Java). 88: Seitenstraße am Markt in Sukawati auf Bali. 89: Eierverkäufer auf dem Pasar Baru in Bandung (West-Java). 92/93: Das Motorrad – Transportmittel für eine ganze Familie in Bandung (West-Java). 98 li.: Bananenstand in Garut (West-Java), einem Ort im Süden von Bandung, der umgeben ist von Vulkanen; 98 Mitte: Martabak – die typisch gefüllten Teigtaschen in Bandung (West-Java); 98 re.: Süßkartoffelbällchen in Jakarta (West-Java). 101 li. oben: Wassermelonenspießchen; 101 re. oben: Snackangebot; 101 li. unten: Omelette; 101 re. unten: Lollis – alle in Bandung (West-Java). 104/105: Teeplantage in Ciater (West-Java). 108 li. oben: Reisfeld in Peliatan auf Bali; 108 re. oben: Longanverkäufer auf dem Pasar Baru in Bandung (West-Java); 108 li. unten: Junge Kokosnüsse auf dem Markt in Ubud auf Bali; 108 re. unten: Skulptur einer Göttin in Ubud (Bali). 114/115: Steinfigur einer typisch balinesischen Frau mit Korb auf dem Kopf in einer kleinen Tempelanlage in Ubud auf Bali. 116 li.: Affenfamilie in der Tempelanlage Pura Bukit Sari im Affenwald von Sangeh auf Bali. 116 re.: Erdnussverkäufer in Bandung (West-Java). 117: Am Siyut-Strand von Gianyar auf Bali. 119: Sonnenuntergang in Tegalang (Bali).